谢桃坊 著

图书在版编目（CIP）数据

四川国学小史/谢桃坊著.—成都：四川文艺出版社，2020.11
ISBN 978-7-5411-5716-5

Ⅰ.①四… Ⅱ.①谢… Ⅲ.①国学－研究－四川 Ⅳ.①Z126

中国版本图书馆 CIP 数据核字（2020）第 169639 号

SICHUAN GUOXUE XIAOSHI
四川国学小史

谢桃坊　著

责任编辑　张亮亮
封面设计　叶　茂
内文设计　史小燕
责任校对　蓝　海
责任印制　崔　娜

出版发行　四川文艺出版社（成都市槐树街 2 号）
网　　址　www.scwys.com
电　　话　028-86259287（发行部）　028-86259303（编辑部）
传　　真　028-86259306

邮购地址　成都市槐树街 2 号四川文艺出版社邮购部　610031
排　　版　四川胜翔数码印务设计有限公司
印　　刷　成都东江印务有限公司
成品尺寸　140 mm×203 mm　　开　本　32 开
印　　张　6.25　　　　　　　　字　数　140 千
版　　次　2020 年 11 月第一版　　印　次　2020 年 11 月第一次印刷
书　　号　ISBN 978-7-5411-5716-5
定　　价　46.00 元

版权所有·侵权必究。如有质量问题，请与出版社联系更换。028-86259301

总之与国学热潮连结起来，是学术媚俗的炒作。我们必须在谈国学时和国粹主义划清界限，应当警惕"国渣"的泛起。

国学研究的对象是中国文献与历史中存在的若干狭小的困难的学术问题。我们谈国学时应对中国历史文献资料的状况有一个大致的了解。中国的历史文献在世界上是最丰富和最先存的，也是中华民族最值得骄傲并感到优越的。在三千多年前中国已经有了很成熟的甲骨文字，而且用于记载史事，这表明中国有了真正的历史并进入了文明社会。在公元前841年西周的共和开始有了中国历史的确切的纪年，并一直绵延下来。这两〔确定中国为世界文明古国之一〕项事实已经足以显示中华民族悠久的历史与伟大的精神了，我们用不着再去编造或附会远古的神话传说或宣扬孔子的神在我们所刊载的国学论文里,可见它们基本上都是关于传统文化中许多狭小的问题进行的考证。这样我们可以得出结论:国学是以研究中国古代文献与历史中更存在的狭小的疑难的学术问题为对象;尽管问题是狭小,但必须具备关于中国文化的广博知识,并采用科学的考证方法才能解决的。它是一种中国学术综合的涉及哲学、史学、文学、对象、文献、版本、校勘、训诂的边缘学科。它就是新中国成立以来的文史研究。国学与国学基础是两个层面不能混淆。国学是独立而纯粹的学术,不负担其他政治的、伦理的、社会的和普及的任务。国学在弘扬中华传统优良文化中有其重要意义,即中国学者自己解决中国困难的学术问题,以延续中国的学术命脉。

引言

在中国的国学运动史上,四川国学有着光辉的地位:这是因为四川得风气之先于民国元年(1912)由省政府创建了国学院,抗日战争时期国学运动的中心转移到四川,抗战胜利后四川国学继续发展,直到中华人民共和国的建立。自1993年3月北京大学中国传统文化研究中心主办的大型学术集刊《国学研究》问世,标志着国学热潮的再度兴起和新时期文化学术的繁荣昌盛。然而"什么是国学"仍是一个令学者们感到困惑的问题,而且因国学的普及与通俗化又滋生了一些新的很有争议的问题。在我们即将考察四川国学运动发展过程时,有必要追溯国学运动在20世纪初年兴起的情形,并有必要对一些问题粗略地表述我的意见。

明代万历二年(1574),西方耶稣会士来到澳门,开始在中国传教,他们学习和研究中国文化,并将西方的自然科学知识逐渐介绍给中国学术界。晚清时期西学东渐的进程加速,西方近代哲学社会科学著作被译介到中国,实证主义、进化论、经济学、法学,以及康德、叔本华、尼采等思想很快在中国传播。这些新学科和新思想的引入,使一些文化保守主义学者深感不安,认为它们破坏着中国传统的学术思想和价值观念;于是他们努力发扬传统文化的精华——"国粹",

以抵制西学和新学，试图改变世道民心，拯救中国。正是在这种文化背景下，邓实等人于1903年冬在上海倡议成立国学保存会，以"研究国学，保存国粹"为宗旨。1904年冬，邓实等学者再次集会筹备国学保存会，邓实《国学保存会小集叙》云：

粤以甲辰冬季之月，同人设国学保存会于黄浦江上。绸缪宗国，商量旧学。摅怀旧之蓄念，发潜德之幽光。当沧海之横流，媲前修而独立。盖学之不讲，本尼父之所忧；《小雅》尽废，岂诗人之不惧？爱日以学，读书保园，匹夫之贱，有责焉矣。

这表明了保存国粹的意义和国粹学者们读书保国的历史使命。1905年2月国学保存会主办的《国粹学报》创刊，由邓实任总编，主要撰稿人有章太炎、刘师培、黄节、马叙伦、王国维、罗振玉、王闿运、廖平、孙诒让、郑文焯、柳亚子、黄侃、张采田、马其昶、郑孝胥等五十余人。《国粹学报》每月一期，至1912年停刊共出版八十二期。国学保存会还刊行《国粹丛书》，设立国学学堂，编写国学教科书。《国粹学报》在全国发行，甚受学术界的欢迎，影响很大。1906年，日本东京的中国留学生组成国学讲习会，由国学大师章太炎主讲。章太炎在留学生欢迎会上演说：

为什么提倡国粹？不是要人尊信礼教，只是要人爱惜我们汉种的历史。这个历史，是就广义说的，其中可以分为三项：一是语言文字，二是典章制度，三是人物事迹。近来有一种欧化主义的人，总说中国人比西洋人所差甚远，所以自甘暴弃,说中国必定灭亡,黄种必定剿绝。因为他们不晓得中国的长处,见得别无可爱,就把爱国爱种的心,一日衰落一日。若他们晓得,我想就是全无心肝的人,那爱国爱种的心必定风发泉涌,不可遏抑的。

在国学运动最初发起时,学者们是将国粹、爱国和革命联结在一起的,因而大力宣传研究国学以保护传统文化的意义,这体现出对国家命运的关注,对中国革命的响应和支持。此后研究国学的机构在各地高等学校成立,民间社团亦纷纷出现。1907年《国粹丛编》在上海出版;1908年《国学萃编》在南京出版;1911年《国学丛刊》由北京国学研究会出版;1912年《四川国学杂志》由四川国学院出版;1914年《国学丛刊》由北京清华学校国学研究会出版;1915年《国学杂志》由上海国学昌明社出版;1923年《国学丛刊》由东南大学国学院出版;1923年《国学季刊》由北京大学研究所国学门刊行;1925年《北京大学研究所国学门周刊》发行;1926年《北京大学研究所国学门月刊》出版;1927年《国学丛刊》由北京清华学校国学研究院印行;1932年《国学汇编》由齐鲁大学国学研究所出版;1933年《国学商兑》由苏州国学会印行;1937年《国学》(月刊)由天津国学社发行。此外顾颉刚编的《古史辨》于1926年出版,傅斯年领导的国立中央研究院历史语言研究所主办的《历史语言研究所集刊》于1928年出版,它们在性质上是属于国学研究的。国学是一种在清末特定历史文化条件下兴起的学术思潮,当它在学术界产生了广泛的影响和得到了热烈的支持时,便波澜壮阔地发展,形成了中国学术史上的国学运动。

当任何一种学术新思潮出现，人们很难即刻便认清它的性质；如果它的内涵特别丰富，人们对它的认识过程可能是很漫长的。国学即是如此。国学是什么？老一辈的国学家们都做过探讨，意见颇为分歧。现在看来，他们的意见都值得我们认真去寻求其中的合理因素。1912年章太炎在杭州任国学会会长发表《国学会缘起》，他极力反对国民政府言治兴学都向西方学习，认为这是废弃了中国传统文化，使"中国而化附于人"，必将自取灭亡。他认为"经籍"——儒家的经典是中国的"国本"，即立国的根基和道德之源，因此以为中华民国建立之际应当提倡国学。他所理解的国学即是研究儒学的经典。关于国学的基础学习，他主张"以讨论儒术为主，取读经而会隶之"。怎样理解儒术，又怎样读经呢？他提出一个简明的纲领——《国学之统宗》。这就是学习儒家四种典籍：一是《孝经》，为孔子的弟子所著，宣扬孝道，以"孝"为封建伦理的基础；二是《大学》，它为《礼记》中的一篇，讲述儒家之道在于"修身""齐家""治国""平天下"；三是《儒行》，亦是《礼记》中的一篇，通过鲁哀公与孔子的问答，说明儒者应遵循的古代先王之道的社会行为准则；四是《丧服》，它是《仪礼》的一篇，记述古代居丧所穿的衣服——丧服制度，体现封建社会的礼制。章太炎以为学习这四种经典可以树立儒家政治理想，接受儒家伦理道德观念，以儒家伦理道德为行为规范，了解古代封建礼制。这样做实际上虽能恢复古代儒家传统教育，却远离了真正学术。章太炎的国学观念在国学运动中代表着一种强固的旧学势力，影响极为深远。

顾实是东南大学的教授，1923年他起草的《国立东南大学国学院整理国学计划书》里说："盖凡一国历史之绵远，尤必有其遗传之学识经验，内则为爱国之士所重视，外则为他邦学者所注意。远西学风莫不尊重希腊学术，罗马学术，及其本国学术。吾国亦何独不宜然。"这是将国学理解为本国传统的学术。国学的范围，顾实以为是中国的经部、史部、子部、集部等"用中国语言文字记录之书"。顾实为国学做了大致的界说，它的影响是富于建设性的，而且也是深远的。

1923年1月胡适发表《北京大学〈国学季刊〉发刊宣言》标志着国学运动中一种新思潮的形成，使国学的发展走上一条新的道路。胡适代表新文化主义者系统地阐述了新的国学观，提出用科学的方法整理国故。他说：

> "国学"在我们的心眼里，只是"国故学"的缩写。中国的一切过去的文化史，都是我们的"国故"；研究这一切过去的历史文化的学问，就是"国故学"，省称为"国学"。"国故"这个名词，最为妥当；因为他是一个中立的名词，不含褒贬的意义。"国故"包含"国粹"；但他又包含"国渣"。我们若不了解"国渣"，如何懂得"国粹"？所以现在我们要扩充国学的领域，包括上下三四千年的过去文化，打破一切门户的成见；拿历史眼光来整统一切，认清了"国故学"的使命是整理中国一切文化历史，便可以把一切狭陋的门户之见都扫空了……国学的目的是要做成中国文化史。国学的系统研究，要以此为归宿。

关于国学研究的意义，胡适是主张采取纯学术的态度来认识。在《论国故学——答毛子水》里，胡适说：

"国故学"的性质不外乎要懂得国故,这是人类求知的天性所要求的。若说是"应时势之需",便是古人"通经而致治平"的梦想了……我以为我们做学问不当先存在这个狭义的功利观念。做学问的人当看自己性之所近,拣选个要做的学问,拣定之后,当存一个"为真理而求真理"的态度。

这样可以使国学从社会政治、伦理道德和儒学等观念的束缚下解放出来,以便在现代学术意义上获得真正的发展。我暂且介绍了关于国学性质认识的三种具有代表性的意见,若要回答清楚"国学是什么",这要待关于四川国学运动的考察后才能做出结论。

国粹思想在国学运动中是根深蒂固的,现在国学热潮再度兴起,国粹思想也在随着重又出现。当代国粹学者在新世纪之初面临东西两种文化的激烈冲撞,深感人们物质欲望急剧膨胀,人类价值观念彻底扭曲,传统道德沦丧;他们希望以国学来挽救世道人心,拯救人类于现代文明设置的罪恶陷阱之中。他们仅看到我们现实社会的某些负面现象,同时极端夸大了儒家伦理道德的作用。他们将国学等同于儒学,为了普及这种国学,便提倡读经,因为读经非常困难,遂有一些学者用通俗的方式讲解儒家经典:于是"一场国学热、经典热席卷中华大地"。

如果我们冷静地进行历史反思,不难见到现在"读经"多么地不合时宜,甚至是颇为荒谬的。儒家的基本经典——"五经"本是中国古代的典籍:《诗经》是古代的诗歌总集;《尚书》是古代的政治文典;《周易》是古代卜筮的书;《周礼》是周代官制的书;《春秋》是鲁国的史书。儒家圣人孔子读过它们,后世文献里便说孔子著《春秋》，删定《诗》《书》，赞《易》；还有一些儒者竟说"六经"是孔子作的。西汉时期独尊儒术，"五经"被认为是儒家经典，儒学自此成为中国两千余年来统治思想的理论基础。唐代科举考试明经科规定《周礼》《仪礼》（关于礼法仪式的书）、《礼记》（讨论礼教的书）、《左传》（左丘明对《春秋》的解释）、《公羊传》（公羊氏对《春秋》作的解释）、《穀梁传》（穀梁氏对《春秋》的解释）、《周易》《尚书》、《诗经》为必须学习的"九经"。唐代中期朝廷刻石经增加了《孝经》（儒家讲孝道的书）、《论语》（孔子弟子记述孔子言行的书）和《尔雅》（解释字义的书）三部经典，至宋代又增入《孟子》（孟子弟子记述孟子言行的书）；这样成为了"十三经"。在"十三经"里，《诗经》《周礼》《仪礼》《周易》《春秋》《尚书》《尔雅》实际上不是儒家的著作，关于这点北宋理学家程颐认识得很清楚。他为了便于真正地普及儒学，引导"初学入德之门"，从《礼记》里选出《大学》和《中庸》两篇，将它们同《论语》和《孟子》并行，以教弟子。南宋理学大师朱熹将它们定名为"四书"并注释，从此广为流传。大致儒家的基本经典是"五经"，全面研究儒学就要精读"十三经"，普通初学者读"四书"就可以了。儒经包括各种传注与论述在内，据《四库全书总目》所录共有一千七百余部，未收入《四库全书》的尚多，可谓浩如烟海。

　　儒家圣人孔子在春秋时期是新学说的创立者，主张以积极人生态度入世，提出"为政以德"的德治理论，以礼制严格区分社会的尊卑贵贱的等级；以"克己复礼"的"仁"和以礼做行为准则的"义"为其学说的特点，它的核心是礼教；由此形成儒学政治伦理的基本体系。在汉武帝时代，中国统治阶级已经试用过刑名家、纵横家、法家和道家等学说作为治国的理论，这时儒家学说经过董仲舒附会神秘主义的阐释之后，非常适合中国封建统治者的需要。汉代统治者从政治上考虑，见到儒家礼教有利于巩固统治阶级的统治地位，"仁"与"义"作为社会价值观念有极大的欺骗性并容易被民众接受，因此决定罢黜百家，独尊儒术。东汉建初四年（79），章帝召集儒臣在白虎观讨论经义，统一对儒家经典涉及的制度、礼教、伦理等重大问题的认识。史学家班固根据议论的总结写成《白虎通德论》四卷。这次讨论为儒家政治伦理做出"天人合一"的解释，将儒经染上宗教性的神圣色彩，确立了帝王的至尊；尤其在社会伦理道德方面正式建立了"三纲六纪"的规范。"三纲"指君臣、父子、夫妇间绝对的主从关系，即臣服从君，子服从父，妻服从夫。"六纪"指父辈、兄弟、族人、母舅、师长、朋友间相处的关系。它们都服从礼教规定的原则。此后中国虽然历经改朝换代，儒学作为社会统治思想是不变的。理学家们又以"兴天理，灭人欲"巩固了这种统治思想。它们是中国人民的重重的精神枷锁，使人民没有个性，失去自由，只有繁重的义务和被奴役的命运。

然而近百年来，却不断有些政客或学者总是寻求机会鼓吹"读经"。辛亥革命后，康有为从维新主义者沦为封建制度的保卫者，他首先提倡尊孔读经。民国元年即1912年，康有为的弟子陈焕章及张勋、麦孟华、沈曾植、朱祖谋、梁鼎芬等建立"孔教会"。他们为了"挽救人心，维持国教"，以"宗祀孔子以配上帝，诵读经传以学圣人"为宗旨。康有为作的《孔教会序》说："中国立国数千年，礼义纲纪，云为得失，皆奉孔子之经，若一弃之，则人皆无主，是非不知所定，进退不知所守，身无以为身，家无以为家,是大乱之道也。"次年袁世凯发布"学校祀孔"的命令。国学大师廖平著有《孔经哲学发微》表示响应,宣称"经为孔子所立空言,垂法万世"。国学大师章太炎发表《论读经有利而无弊》,以为人们若要求得处社会、理国家、立民族、正风气的道理,只有读经,"舍读经末由"。国民政府重建共和后,教育部曾通令各学校废止读经,但民国十五年(1926)江苏教育厅于8月8日发出省立各学校"特重读经"的训令,认为"读经一项,包括修齐治平诸大端,有陶冶善良风俗作用,似应由各校于公民科或国文内择要选授,藉资诵习"。这反映了国民政府教育部为了兼顾国粹势力而采取的折中态度。可见旧的科举制度废除了,最后一个封建王朝被推翻了,但中国封建残余与国粹主义纠结起来仍然有顽强的潜在势力。

每次读经尊孔的浪潮掀起时,都曾遭到学术界的抵制与反对。当孔教会大肆活动时,《新青年》杂志陆续发表了陈独秀的《复辟与尊孔》《再论孔教问题》和吴虞的《儒家主张阶级制度之害》给予严厉批评。这以后经学史家周予同于1926年写了一篇激烈的长文《僵尸的出祟——异哉的所谓学校读经问题》,他从经的定义、经的领域、经与孔子的关系等方面,说明如果没有弄清经学史上的这些问题是没有资格来提倡读经的。他以为儒家的经典可以让少数学者去研究,如医学家检查粪便一样,但绝不可让大多数民众——尤其是青年学生去崇拜。他最后警告说:"如果你们顽强的盲目的来提倡读经,我敢做一个预言家大声地说:经不是神灵,不是拯救苦难的神灵!只是一个僵尸,穿戴着古衣冠的僵尸!它将伸出可怖的手爪给你们或你们的子弟以不测的祸患。"史学家傅斯年于1935年对学校读经问题发表了三点意见:一、中国历史上的伟大朝代创业都不靠经学,在国力衰弱时才提倡经学的;二、经学在古代社会里仅有装饰门面之用,并无修齐治平的功效;三、我们今日要想根据"五经"来改造时代思想是办不到了。这些意见都是从中国历史经验中总结出来的,代表了新文化观点对中国传统文化所采取的态度。现在读经问题又与国学热潮联结起来,是学术媚俗的炒作,我们必须在谈国学时和国粹主义划清界限,应当警惕"国渣"的泛起。

国学研究的对象是中国文献与历史中存在的若干狭小的困难的学术问题。我们谈国学时应对中国历史文献资料的状况有一个大致的了解。中国的历史文献在世界上是最丰富和最完备的,这是中华民族最值得骄傲并感到优越的。在三千多年前中国已经有了很成熟的甲骨文字,而且用于记载史事,这表明中国有了真正的历史并进入了文明社会。从公元前841年西周的共和开始有了中国历史的确切的纪年,并一直绵延下来。这两项事实已经确定中国为世界文明古国之一,并足以显示中华民族悠久的历史与伟大的精神了,我们用不着再去增添或附会远古的神话传说或宣扬孔子的神圣了。

我们看待本国的历史与文化时应是客观的冷静的,而且对历史事实的论断应是符合学理的,这才是科学的态度。国学研究便是最强调使用科学方法的,所以特别注重事实和证据。这些事实和证据主要来源于极其繁富的历史文献资料。公元1世纪史学家班固根据西汉末年刘向父子关于图书的分类,在所著的《汉书》里特设《艺文志》,著录典籍三十八种,五百九十余家,一万三千余卷,分为七类:辑略、文艺略、诸子略、诗赋略、兵书略、术数略、方技略。这是中国今存最早的图书著录,因《汉书》被列为中国的正史的典范,后世史臣修史大都参照《汉书·艺文志》将图书目录分类保存于史书里，使我们能了解各朝代的图书存佚及文献的历史线索。东晋时李充任朝廷著作郎时感到图书典籍混乱，必须进行分类管理，将图书分为甲部——五经，乙部——史记，丙部——诸子，丁部——诗赋。初唐时朝廷组织史臣修纂《隋书》正式在《经籍志》里采用四部分类方法，从此为正史沿袭下来。清代乾隆时期编纂《四库全书》计收图书三四六一种，七九三〇九卷；列入存目未收的六七九三种，九三五五〇卷。全书分类如下表：

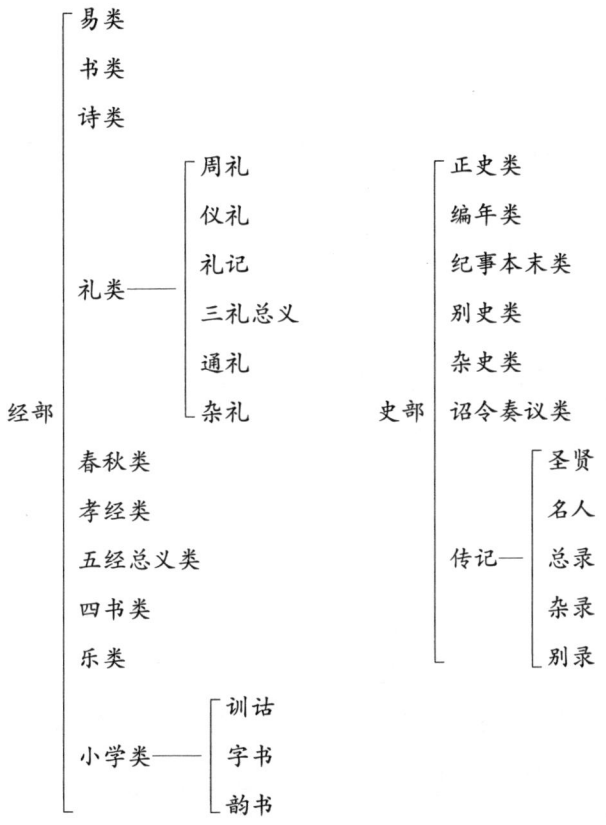

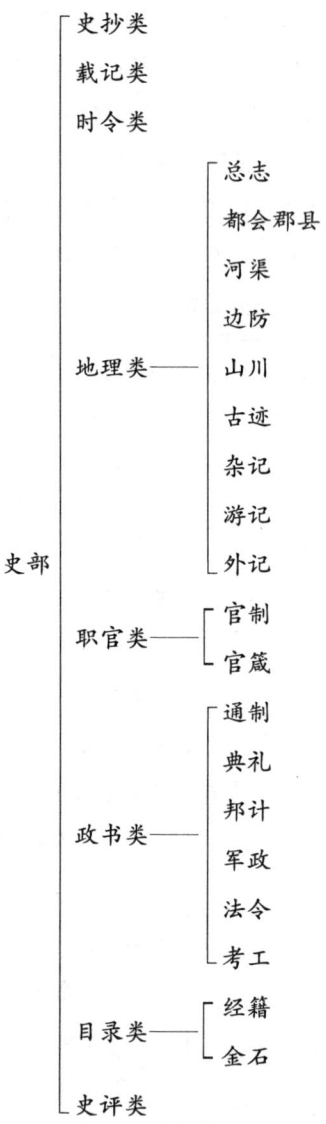

- 子部
  - 儒家类
  - 兵家类
  - 法家类
  - 农家类
  - 医家类
  - 天文算法类
  - 术数类
  - 艺术类
    - 书画
    - 琴谱
    - 篆刻
    - 杂技
  - 谱录类
  - 杂家类
    - 杂家
    - 杂考
    - 杂说
    - 杂品
    - 杂纂
    - 杂编
  - 类书类
  - 小说家类
    - 杂事
    - 异闻
    - 琐语
  - 释家类
  - 道家类

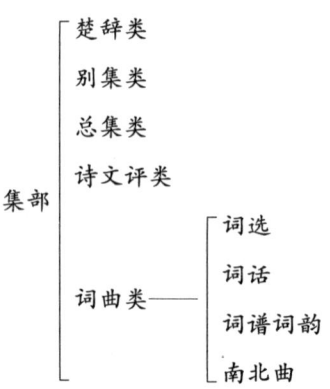

从四部书的分类，我们可以大致了解中国历史文献的概况。中国现存历史文献共计约八万种，此外还有敦煌文书约两万余卷，以及吐鲁番文书、西夏文书、清代中央及地方档案、民间文书、民间族谱、金石碑志、唱本杂书等皆难以统计和清理。它们都是国学研究的珍贵资料。国学的内容涵盖了整个中国的传统文化，国学家只能选择其中某一两个内容做深入细致的探讨，这必须具有关于四部书的基本知识和古汉语的知识，较为熟悉中国传统文化，而且必须有深厚而系统的专业知识。

国学研究和国学基础是两个层面。胡适和梁启超都曾考虑到国学的普及问题。关于国学的基础学习，1923年胡适发表了《一个最低限度的国学书目》，在受到批评后，他又拟了一个《实在的最低限度的书目》，列四十种书目。同时梁启超也拟了一个"真正之最低限度"的书目，计二十五种。比较起来，梁启超拟的较为全面与合理，它们是：《四书》《周易》《尚书》《诗经》《礼记》《左传》《老子》《墨子》《庄子》《荀子》《韩非子》《战国策》《史记》《汉书》《后汉书》《三国志》《资治通鉴》《宋元明史纪事本末》《楚辞》《文选》《李太白集》《杜工部集》《韩昌黎集》《柳河东集》《白香山集》。在拣选基本的国学典籍阅读后，还需要阅读基本的专业书籍，这样便可渐渐进入学术领域。

清代学者们对中国学术进行了较为全面的整理与研究，我们治国学应当在他们的基础上前进，吸收他们的成果，以了解传统学术发展的状况。这方面梁启超著的《清代学术概论》可以视为清代学术的总结，它能给予我们治国学时的思想与方法的启迪。梁启超于1920年完稿后有几点深刻的感想：

> 我国文化史确有研究价值，即一代已见其概。故我辈虽当一面尽量吸收外来之新文化，一面仍不可妄自菲薄，蔑弃其遗产。
>
> 学问之价值，在善疑，在求真，在创获；所谓研究精神者，归著于此点。
>
> 将现在学风与前辈学风相比照，令吾曹可以发现自己种种缺点。知现代学问上笼统影响凌乱肤浅等等恶现象，实我辈所造成。此等现象，非彻底改造，则学术永无独立之望。

国学是清代学术的延续与发展，梁启超从清代学术所获的感悟涵蕴着真正的学者品格。我们现在若与清代朴学家和老一辈国学家的学风相比较，梁启超指出的"种种缺点"和"等等恶现象"，竟似乎是对我们学风的批评，他赞赏的"研究精神"更是我们应该继承和发扬的。

我对国学的兴趣显然是因近年国学热潮再度出现所引起的，而自身国学基础的建立却是在青年时代。20世纪50年代后期，我在西南师范学院中文系学习时，曾用了两年多的时间涉猎了从《周易》到《宋元学案》、从《四史》到《诸子集成》、从《广韵》到《新订六译馆丛书》，以及地方志与笔记杂书等国学基本典籍；不料这些泛观博览使我获益匪浅。四川国学运动是中国传统文化研究中的一个新课题，我近年从中国古代文学研究转向国学时，逐渐发现四川在国学运动中的重要意义，因此尝试对它进行初步的考察。我最感困难的是：因涉及的学术层面广阔，内容繁富，很不易清理出内在的发展线索；需要查阅并搜集民国以来的许多资料，其中有些杂志和著作已难寻觅；国学是深奥的，不易将它作普及的浅近的叙述。这新的学术园地引起我的好奇心理和新鲜的感觉，使我产生了浓厚的兴趣；所以虽然存在许多困难，但更促使我黾勉努力与认真探索。

四川国学是20世纪初年以来国学运动的缩影，我希望读者能由此了解国学的发展过程，认识国学的性质和它在我们当前文化建设中的意义，甚至引起对中国传统文化的历史反思。

目 录

引 言 ·· 001

一 国学院的首创意义 ································ 001
国学院的建立与国学学校——四川国学会与《四川国学杂志》——宋育仁与《国学月刊》——《四川公立国学专门学校学生会季刊》——国学院院长吴之英——国学院副院长谢无量——国学学校校长廖平——国学大师刘师培对四川国学的影响

二 成都私立国学学校：尚友书塾 ···················· 038
槐轩先生刘沅与刘氏家学——尚友书塾的国学教学——《尚友书塾季报》——刘咸炘的学术思想与国学观念

三 国学运动的中心转移在西南 ······················ 056
抗战与学术——重庆国学界的盛况——《文史杂志》与国学——侯外庐的中国古代思想学说研究——郭沫若对国学运动的贡献

四　李庄留下的学术丰碑 ······················ 084
李庄是抗日战争时期的学术避难所——中央研究院历史语言研究所留下的历史迹印——傅斯年和历史语言学派——岑仲勉对唐代文献的研究——王明对道教哲学的研究——杨志玖关于马可波罗的考证——纪念碑

五　走上新学术之路 ························ 118
成都的文化高潮与国学的兴盛——华西协合大学的《中国文化研究集刊》——陈寅恪以诗证史——王伊同的《五朝门第》——武汉大学的《文哲季刊》——不能忘记东北——金景芳关于《周易》的研究——顾颉刚与齐鲁大学国学研究所——钱穆的国学研究——蒙思明对考据学的评价

六　国学运动的光辉终结 ···················· 157
重庆大学的中文系教师们——华西协合大学的文科教师们——四川大学的国学研究会——赵少咸的音韵学研究——徐中舒的史学研究——成都私立尊经国学专科学校——四川国学运动的光辉结束者蒙文通

结　语 ···································· 173
主要参考文献 ······························ 176
后　记 ···································· 178

一 国学院的首创意义

自1905年国学运动兴起以来，由政府设立国学院，是四川的首创，而且在整个国学运动中亦是很独特的。1911年5月四川发生保路运动，各地纷纷起义反对清政府，9月25日荣县独立，同盟会员建立了第一个县级革命政权，动摇了封建王朝的统治，成为10月10日武昌新军起义的先导，由此取得辛亥革命的胜利。1911年11月27日四川军政府成立，尹昌衡任军政部长。尹昌衡，字硕权，1884年出生于四川彭县，幼承家学。1897年尹家迁移至成都，尹昌衡入尊经书院学习中国传统文化；1904年以四川武备学堂的优秀生资格被派往日本学习军事，于1909年学成归国，成为川军领袖。1911年12月8日四川军政府在成都东较场举行阅兵仪式，阅兵开始便发生兵变，成都大乱。尹昌衡调集兵力，两三天内平定了变乱；在川籍军官、成都同盟会和立宪派的拥护下，尹昌衡出任四川军政府都督。民国元年（1912）元月，尹昌衡将原四川枢密院改为国学院，院址在成都城东三圣街。国学院的宗旨是：

本院设立，以研究国学，发扬国粹，沟通古今切于实用为宗旨。所办事件：一、编辑杂志；二、审定乡土志；三、搜访乡贤遗书；四、续修通志；五、编纂本省光复史；六、校订重要书籍；七、设立国学学校。

国学院聘请吴之英为院长，刘师培为副院长，聘请楼黎然、曾学传、廖平、曾瀛、李尧勋、谢无量、杨赞襄、释圆乘为院员。国学院最有成效的是兴办了国学学校和出版了国学杂志。

1912年秋，国学院与存古学堂合并，将存古学堂改为国学馆；原存古学堂监督谢无量与刘师培同任副院长。原存古学堂学生一百人入国学馆学习，新招学生五十余人。清光绪三十一年（1905）停止科举考试之后，提倡兴学致用，张之洞在武昌创立存古学堂，"以维国学"；四川相继在成都创立存古学堂。校址在成都外南簧门街，原为清代名将昭勇侯杨遇春别墅，占地约一百二十亩，院内供奉有杨氏祖先神位。1909年杨氏后人半捐半售以做为公用，总督赵尔巽在院内设宋代四先生祠，奉祀范景仁、范淳甫、张南轩、魏鹤山先生，以表示崇尚宋学和尊重蜀中先贤；杨遇春的神位仍设在四先生龛后。1910年准设存古学堂，1912年改为四川国学院，附设国学学校。此后簧门街的这条小巷遂名为国学巷，沿袭至今。刘师培在《国学学校同学录序》里简述了这段史实：

粤在前清宣统二年，四川总督请于朝，创设存古学校，申告属县，广致学徒，多士祁祁，远迩鳞集，简奇擢秀，著录百人。俾涉学庭，以咏圣术，劝学兴礼，典仪备具。于是耆德故老，吴之英、廖平之伦，潜乐教思，朝夕讲习，善诱佝

四川国学院遗址在成都市南国学巷

四川国学院遗址之古树

恂，文其材素，日就月将，髦士孔休，抑抑威仪，造次必儒。方将扶进微学，尊广道义，仪德邹甸，比化稷馆，流洪耀于靡极，拯六艺于既坠；中丁丧乱，礼乐凌夷，戎马生郊，人怀避就，讲诵蔑闻，俎豆不设。民国聿兴，法禁变易，俗贱悖古，群谋更谨。时师培客游蜀都，襄治国学院事，爰集耆老缙绅，相与谋曰：建国之道，教学为先。粤稽在昔，乡里有教，鼓箧孙业，游文六艺，用是雅化普致，嘉休来洽。蜀学之兴，肇端尊经书院，庠序设陈，七经宣畅……是宜复兴旧宇，俾终厥学。由是众谋佥同，定名国学学校。矩则所沿，颇有改易，叙经致业，相承无改。

1914年3月，四川省行政公署为了缩减经费开支，废除国学院，以便集中力量办好国学学校，聘请廖平接任校长。1918年国学学校遵奉教育部决定改为四川省立国学专门学校，增加新学课程。1919年3月省长杨庶堪发布《四川省长公署训令第2533号令》：

> 国学为国民精神所寄托，并与各科学知识在在相关。此科若无根柢，其阻碍科学之进步者弊尤小，其斩丧本国国民固有之精神者害实深。此川省自反正以来所以有国学学校之设也。

可见自民国建立以来，四川历届省长对于设办国学学校极为重视，以为国学是中国国民精神的基础，而且深刻指出国学与科学知识的关系。1923年国学学校由骆成骧任校长，1926年由蔡锡保继任校长。1928年教育部在全国进行学制改革,在成都的农业、工业、法政、外国语、国学五个专门学校申请改设大学,遂合并为公立四川大学,原各专门学校设为院,国学专门学校改为公立四川大学中国文学院。四川国学学校共存在了十六年,它在国学运动中的影响却是巨大而深远的。

国学学校的学制为三年,课程的设置有经学、史学、国文、周秦诸子、宋代理学、地理、伦理、教育。其中以经学、史学和国文为主课。任课教师先后有黄镕、戴孟恂、陈文垣、宋育仁、龚镜清、辜予渠、陶鼎金、易铭生、邓宜贤、尹端、盛世英、龚道耕、徐炯、饶焱之、曾海敖、谭焯、余舒、萧仲仑、朱青长、龚圣予等学者。四川只手打倒孔家店的老英雄吴虞在1931年11月21日的日记里保存了《中国文学院文科七班毕业同学录序》,他追述四川国学学校之盛:

国学学校,创自民国。其时吴伯竭师,廖季平前辈,刘申叔、谢无量诸公,聚于一堂。大师作范,群士响风,若长卿之为学师,张宽之施政。蜀才之盛,著于一时。

西汉初年司马相如曾在成都讲学,张宽等学者自京都学习儒家经典后回到成都讲学从政,从而造就蜀中学术兴盛的局面。吴虞以为民国初年国学学校的设立,大师云集,人才济济,又像西汉时蜀学之盛了。这样的评价是很公允的。

四川国学院创建之初,刘师培、谢无量、廖平等学者发起成立四川国学会,附设于国学馆,定期举办学术讲演,馆内学生与校外学人皆可入会,并参加学术活动。刘师培写了一篇《四川国学会序》以表述学术讨论的宗旨。他认为当时学术界存在四种困惑:一是脱离学术正道,出入佛教或道家,追逐虚无旷远的东西;二是烦琐考据,学问支离破碎;三是迷信各种诡异杂说,否定古学;四是崇尚医理方技、数术末学。为了除去以上弊端,使学者免于惑乱,应打破学术疆界,互相讨论,因此有必要成立国学会。刘师培在学术上属于古文经学派,深受章太炎的影响,在这篇序文里用了许多古字僻典,文辞艰深,语意费解,但指出的四种弊端确实是存在的。国学会自由讨论的精神,促使四川的学术活跃起来。

国学会创办了《四川国学杂志》,民国元年(1912)发刊,每月一期,共出版十二期;民国三年(1914)改名为《国学荟编》,仍每月一期,至民国八年(1919)共出版六十三期。《四川国学杂志》的宗旨是"发挥精深国粹,考征文献"。此刊的栏目有:

一通论 凡发扬国粹,推阐至理,总括弘义者,皆入此门。

二经术 中华国粹,基于群经,微言大义,务触类引申,以为匡世之本;惟经学必通音训,而以小学附焉。

三理学 孔道失真,由忽躬行,有宋理学,功在实践,欲正人心,莫切于此。

四子评 国粹以孔学为正宗,能旁考诸子得失,观其会通,盖足以彰孔学之博大。

五史学 孔作《春秋》,其文则史,往迹虽陈,其义自富,是在学者推陈出新,而史例考证附焉。

六政鉴 历代改制,亦得失之林,折衷古今,足资考镜,推核中外，尤关时用。

七校录　征文考献，搜残补阙，校雠目录，稽古君子，在所不废。

八技术　孔门立教，不废游艺，下及小道，亦有可观，医卜杂技古书及新有发明，并入此类。

九文苑　蜀士弘著，或同人私稿，根于性情，有关风教者，均可采录，不涉浮滥。

十杂记　笔记丛谈，均以辨析事理、切劘社会为主要。

十一蜀略　凡关蜀故，足以发挥文献，阐扬风教者，并入此门，以备怀旧之士览焉。

此刊的各期都保持了以上栏目，"发扬国粹"的宗旨在刊物中得到了体现。编者们理解的"国粹"是基于儒家的经典，"以孔学为正宗"，这很鲜明地表述了国粹主义的思想。曾学传在《四川国学杂志》第一期撰述的《国学杂志义例》里对办刊宗旨做了阐述：

中华民国元年秋，蜀政府设国学院，办全省国学，倡以发扬国粹为宗旨，首编辑国学杂志，以资阐发弘义，鼓吹群伦；事綦重也。忆昔大地狉獉，东方先旦，神州建国，圣哲笃生，撰合乾坤，而伦理出焉。天精地粹，会其极于我孔子，秦汉以来，迭经世变，而懿仪礼俗，流泽未坠。大道推行，声名扬溢，将施蛮貊，实为今万国所仰。异邦好学之士，方集会研究，而我乃听其晦盲，致人心郁结，塞源趋流，忘耻逐利，饰伪乱真，以相欺诈，破规裂矩，以为文明，如横流决堤，不可收拾，岂非国学不明之故欤！夫西政之源，务求真理,日治之起,实祖良知;而我固有国粹,乃弃若弁髦,躬履无人,口讲几希,大道榛芜,殆非一日矣。不亟为披荆斩棘,廓清皇路,吾国人心,日趋于暗。天地荒荒,日月曚曚,不惟不足争胜,东西列强而适足以速中国之亡也,岂不哀哉!负国家之责,于兹隐忧,而垂情国学焉。怀我旧德,用迪新机,盖所以深探致治之本欤?

曾学传,字习之,四川温江人,为四川国学院院员,在国学学校教授经学。他以弘扬儒家之道为己任,1913年在成都发起孔教扶轮会,任会长。他是四川国粹主义的代表人物,希望通过国学来宣扬儒家之道,将中国社会一切的积弊与祸乱的原因都归结为国学——儒学不明所致;以为只有弘扬中华传统文化的精华——国粹才可以拯救中国。这样,国学便能担负起探求国家"致治之本"的重大使命了。曾学传的国粹主张显然是会得到政府赞赏的,但它却偏离了国学的学术轨道,所幸的是国学杂志在学者们的努力下仍保存了学术的特色。《四川国学杂志》的主要撰稿人有刘师培、廖平、吴之英、谢无量、曾瀛、杨赞襄、李尧勋等学者,发表的重要学术论文有刘师培的《春秋繁露爵国篇校补》《春秋左氏传古例考序略》《白虎通义源流考》《周官师说考》《白虎通义定本并序》,廖平的《周礼凡例》《庄子经说叙意》《天人论》《经学四变记》《论诗序》《山海经为诗经旧传考》《诗经国风五帝分运考》《世界进化退化总表》《治学大纲》《孔子天学上达说》《牧誓一名泰誓考》,李尧勋的《中国文字问题》,谢无量的《蜀学原始论》,曾瀛的《渡泸考》《华阳国志证误》等。《四川国学杂志》因有省政府的支持,通过行政方式由中学以上各级学校

《四川国学杂志》创刊号封面

國學雜誌義例

中華民國元年秋，蜀政府設國學院，為全省／群國學雜誌以資闡發砥義，披吹華倫事業／州建國舉哲篤生，撰合乾坤而倫理世尚，天／來迭經世變而懿化體俗流浮未墜。大道推／國所係異邦好學之士方集會研究，而我乃／忘恥逐利衒僞愊真以相欺詐破規裂矩，以／非國學不明之故歟。夫西政之源務求真理／粹乃棄若弃塗弁履無人口講，天地荒荒日／卲淸壘路吾國人心日趨於黯，裁負國家／而適足以速中國之亡也，豈不哀／我茗德用迪新機，茲所以深探致治之本獻。

《四川国学杂志》书影

及各级教育分会订购,所以发行渠道畅通,在四川与全国都产生了学术影响,大大推进了四川的国学运动。

宋育仁主办的《国学月刊》于民国十一年(1922)阴历十月在成都刊行,至民国十三年(1924)共出版二十七期。宋育仁,字芸子,晚年号道复,四川富顺人,1857年生。同治十三年(1874)补诸生(秀才),继入成都尊经书院学习,著有《周礼十种》和《说文部首笺证》。1881年受聘资州艺风书院任主讲;1886年中进士第,授翰林院庶吉士;1889年任翰林院检讨。1894年宋育仁以参赞名义随公使龚照瑗出使欧洲,考察西欧各国社会、风俗、文教和政治,著《采风记》四卷。1896年宋育仁奉朝廷之命回四川办理商务和矿务,同时成立蜀学会,创办《渝报》,提倡新学,宣传政治改良思想。1897年宋育仁在成都主持尊经书院,与吴之英等创办《蜀学报》,刊行《蜀学丛书》,翻印严复译的西方名著《天演论》《原富》和《法意》。辛亥革命后王闿运任国史馆长,邀请宋育仁到京任国史修纂。1916年宋育仁回四川,应廖平邀请在四川国学专门学校主讲,次年下期任校长兼四川通志局总纂。他在国学学校期间著有《诗经毛传义今释》《尔雅今释》《孝经正义》和《礼运确解》。1931年《四川通志》初稿完成时,宋育仁去世。

为什么要办《国学月刊》?宋育仁在《国学月刊》第一期的《绪言》里说:

> 本报抱定宗旨,述先圣先师之言,非从己出。欧美成专门有用之学,皆成于学会,非成于学校。学校之专门,尚属

专门之普通；出学校再由学会讲求增进，始成专门之专门。有高深之学理，始能支配浅近之教科。有精微之理论，始能发生国家学、政治学专家之学业事业。此西人所恒言，奈何吾人充耳不闻也。

他虽然旨在探讨"高深之学理"与"精微之理论"，而且宣扬刊物有四大特色——"于学说则发前人所未经道""于时论则道国人所未及知""艺文谈苑均取其于国家掌故有关""书牍选言必择其于人群心理有裨"——然而杂志的学术性不强，偏重于时事评论，仍在宣传已经过时的维新思想，所以在学术界没有什么影响。1923年胡适发表《北京大学〈国学季刊〉发刊宣言》标志着国学运动新思潮的出现，宋育仁表示极端的反对，在《国学月刊》里分期发表胡适原文并逐句逐条进行批评，这最能反映当时四川国学运动中的守旧势力。

1927年6月由国学学校国文和哲学两系在校同学组织创办了《四川公立国学专门学校学生会季刊》，它以"讲明学术，研精文艺，阐发国学"为办刊宗旨，拟于每季度出版一期。在《简章》里关于内容分列为：

一通论　凡论事论学之文，持有正大道理，不涉偏激诡随者入焉。
二专著　凡关于学术思想有特别性质者即予登载。
三学术　凡关于学术之造述首尾完具能自成一说者入之。
四文苑　凡文不拘骈散各体而词达理举者即行披露。

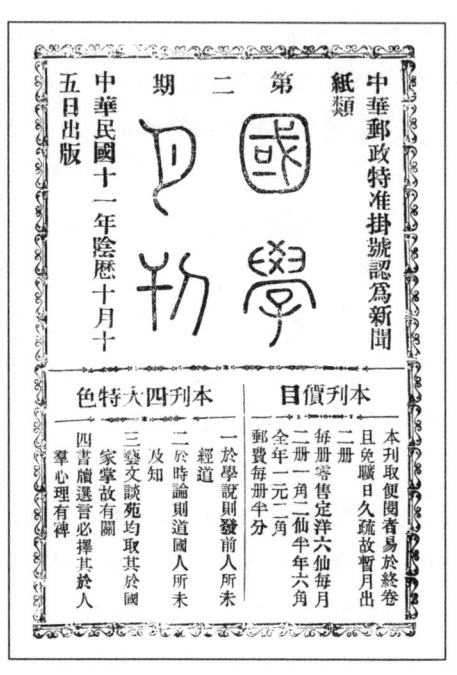

《国学月刊》封面

五诗林　凡诗不拘古近各体但能抒写性情不涉鄙狎者入之。

　　六杂录　凡小说剧本可以激世励俗有关社会教育者皆附于此。

　　七杂评　凡评论时势有补于人心风俗者即行登入。

　　八记述　凡记述本校及本会内外事件俱载于此。

　　九遗著　凡诸先达遗稿有裨于文哲学术者录入之。

　　第一期里的学术论文有蒋维馨《国学之真价值》、刘华甫《文学的工具》、郭荣辉《管子的经济论》、董惠民《六经史略》、陈俊民《我对于楚辞的见解》等。蒋维馨在《国学之真价值》里关于国学的研究对象发表了一种新的意见：

　　自东西吻接，于是东方小识之流，眩新恶故，起而攀附西学，此固为食谷忘牛之劳，亦不免舍人捉影之诮也。安知五千年蕴蓄之富，六大洲引领莫及也。然阮籍虽好异而走，终有途穷返身之时；哥伦布探源不懈，当知南北美之相邻也。故予于异学争鸣，未尝作杞忧，而尤鼓励其勇进也。

　　他以为西学虽然成为一时潮流，但最后人们会发现中学与西学有相通之处，再回到中国传统文化——即是国学。他从中国的文字、哲学、医药、体育四方面详述了其中的堪称"国粹"的东西，希望能引起人们"发扬国粹之精神"。蒋维馨理解的"国粹之精神"已不再是儒家的政治伦理价值观念了，这是一种进步。值得我们注意的是这个国学刊物在投稿简章里申明欢迎翻译稿件，

"不拘文言白话"，"须加新式标点符号"，而且在第一期里已出现白话的新式标点符号的国学论文了。这反映了新文化思想和新国学思潮已传播到四川，并且在旧学势力盘踞的国学界有所突破，新学术的曙光已经升起了。但令人感到惋惜的是：此刊仅出版了一期，随即四川公立国学专门学校便合并为四川大学了。

国立中央研究院历史语言研究所所长傅斯年于1928年谈到"国故"说："国故本来即是国粹，不过说来客气一点儿，而所谓国学院也恐怕是一个改良的存古学堂。"国学院只在四川，而它又恰恰是在存古学堂的基础上改建为国学学校的，所以傅斯年指出的国学与国粹的联系现象应是以四川为典型的。这表明四川的国学运动并未脱离旧学的轨道，并与国粹主义有很深的关系。四川的存古学堂创办于1910年，1912年即改建为国学学校，它的历史甚短。四川旧学与国学的关系，可以追溯到成都的尊经书院。四川国学院院长吴之英、国学学校校长廖平和宋育仁，以及国学学校的大多数教员都是尊经书院的学生。

成都的尊经书院是清代四川政府办的四川最高学府，自光绪元年（1875）至光绪二十八年（1902），为近代四川培养了大量人才，促进了蜀学的振兴。同治十三年（1874），四川学政张之洞与总督吴棠向朝廷奏请建立尊经书院，获准后于光绪初年建成。建院的宗旨是为了继承儒学传统，通经学古，以期复兴蜀学。光绪三年（1877）丁宝桢任四川总督，特聘请湘南著名今文经学大师王闿运为山长。王闿运（1833—1916），字壬秋，湖南湘潭人，于咸丰二年（1852）中举。曾入曾国藩幕僚，后在江西、湖南等地讲学。关于初学者怎样治学，王闿运在《读书之要》里指示的途径是：

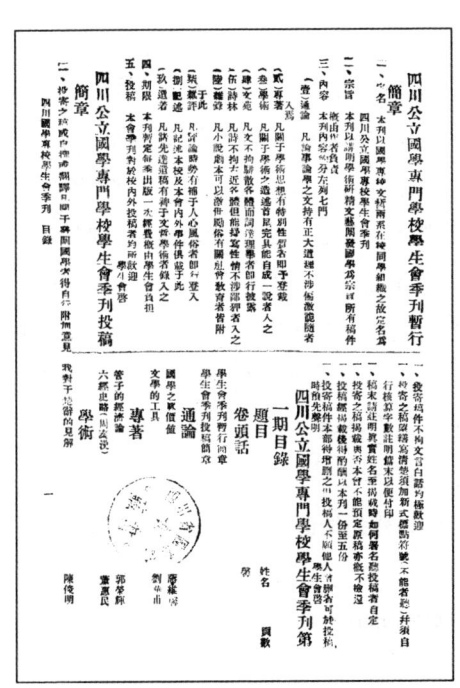

《四川公立国学专门学校学生会季刊》书影

> 古今学术有三途：一曰儒林，经师之传习也；二曰文苑，学士之极思也；三曰道学，儒士之推致也。文苑中复分三等：长记述者谓之良史，精论述者谓之诸子，工词赋者谓之才人。史以识为先，源出《尚书》；子以理为骨，源出《论语》；词赋似小，其源在《诗》。

王闿运主张经世致用之学，经术与词章并重。他指示的途径是传统的儒学、文学和理学，初学者可根据个人的兴趣与才性选择一条途径。因他是学者兼文人，所以将词章看得与经学同样重要，而且以杂文学的观念将史学和诸子学都归并在"文苑"里。王闿运著有《周易说》《尚书大传补注》《尚书笺》《诗经补笺》《周官笺》《礼记笺》《春秋公羊传笺》《论语训》和《湘绮楼文集》。他在尊经书院九年，培育的蜀中弟子如吴之英、廖平、张森楷、杨锐、宋育仁、曾瀛、曾培、戴孟恂、陈文垣、骆成骧、辜予渠、陶鼎金、易铭生、徐炯、谭焯等皆成为学者或政治家，形成蜀中今文经学特盛的局面。

在尊经书院创办时，吴之英即以茂才入选。吴之英，字伯朅，四川名山县车岭镇吴沟人，清咸丰七年（1857）生。幼承家学，十五岁参加雅州府院考试，考取第一名。十八岁入尊经书院学习。吴之英在书院学习经史，精于三礼（《礼记》《周礼》《仪礼》），工于书法和骈文。他同廖平、杨锐、宋育仁被称为尊经书院"四杰"。光绪七年（1881）进京考试，名列二等；回四川在资州（四川资中）艺风书院任教；光绪十三年（1887）任简州（四川简阳）通材书院主讲，以治小学、通经术、习词章知名。光绪十八年

(1892)吴之英任灌县训导,兼尊经书院讲习;次年任尊经书院山长。宣统二年(1910)四川提学使赵启霖在成都创办存古学堂,吴之英受聘任教。民国元年(1912)四川政府设立国学院,吴之英受聘为院正。他为国学学校写了一副对联:

斯道也将亡,难得四壁图书,尚谭周孔;
后来者可畏,何惜一池芹藻,不亚渊云。

在联语里吴之英深感国学学校的创办能够学习圣人周公和孔子的遗训,这样将使儒家之道得以承传。在下联里的"芹藻"出自《诗经·鲁颂·泮水》:"思乐泮水,薄采其芹……思乐泮水,薄采其藻。"春秋时期鲁僖公建泮宫以为教化之所,后来以"芹藻"比喻有才学之士。蜀人王褒,字子渊,活动于西汉时期,是著名的辞赋家,以《甘泉赋》和《洞箫赋》知名。扬雄,字子云,西蜀郫县人,西汉后期的大学者。吴之英希望国学学校将来出现像王褒和扬雄这样的蜀中英才。1913年吴之英由于体弱多病,向四川政府辞去国学院院正职务,离职时他向学院捐赠九百元大洋以助办学。1918年吴之英在家乡名山去世。其遗著有《礼器图》十七卷、《礼事图》十七卷、《周政三图》三卷、《汉师传经表》一卷、《天文图考》四卷、《卮言和天》八卷等著,汇为《寿栎庐丛书》刊行于世。

四川国学院筹建之初,吴之英致书于四川军政府,推荐谢无量和刘师培,他说:"院中群材济济,譬入瑶林。最著者,谢无量硕学通敏,刘申叔渊雅高文。"因此谢无量和刘师培两人被聘为国

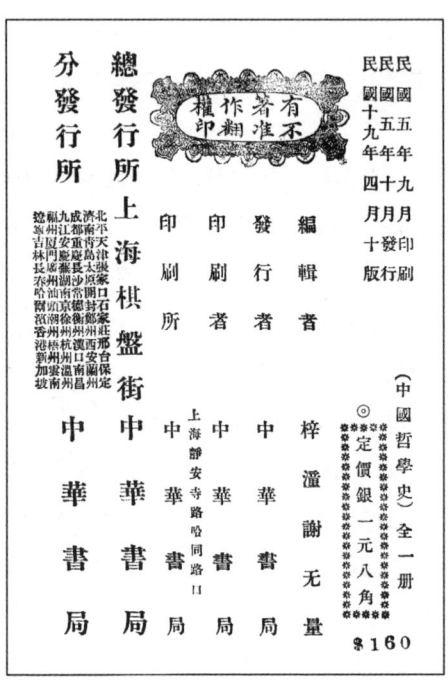

《中国哲学史》书影

学院副院长。谢无量，名大澄，字仲清，号希范，又号啬庵，清光绪十年（1884）出生于四川乐至县北乡金马沟。祖父是农民。父亲谢维喈以科举入仕。谢无量四岁时随父宦游安徽庐江、池州等地。1901年他考入上海南洋公学特班，结识章太炎、邹容、章士钊等人，参加《苏报》《国民日报》的编辑工作。1903年7月1日因"苏报案"邹容入狱，谢无量逃往日本，开始补习日文、英文、德文，并接受马克思主义学说。1904年谢无量回国，受聘于安徽公学，次年在杭州文澜阁泛阅《四库全书》及社会科学名著。1909年经法部左丞乔树楠和四川高等学堂总理周紫廷推荐，谢无量任四川存古学堂监督，并担任四川高等学堂及通省师范讲席。这时谢无量年仅二十五岁，已成为蜀中著名学者。1912年四川国学院设立，谢无量被委聘为院副，但为时甚短，于夏季即离成都。此后数年间他为中华书局编书数种，其著述如《诗学入门》《词学指南》《诗经研究》《中国大文学史》《中国妇女文学史》《朱子学派》等，在民国初年都具有学术开拓的新意义。1916年他的《中国哲学史》由中华书局出版，至1930年共印行十版。这是他在深研中国学术思想的基础上吸收了西方哲学观念而以新的学术观点研究中国哲学源流的创新之作，概述了中国古代至近代哲学的发展过程。在《编绪》里他表述了对中国哲学的认识。哲学作为新的学科，它与中国传统学术的关系是怎样的，谢无量认为：

> 今世学术之大别曰哲学，曰科学。哲学之名，旧籍所无，盖西土之成名，东邦之译语，而近日承学之士所沿用者也。虽然道一而已，庄周论道术裂而后有方术。道术无所不统，方术则各明其一方。道术即哲学也，方术即科学也……地虽有

赋诗徵雅兴 惜别怅年华 骖骖袂追
新步 翻书发古瘖 窗燕春早
至门 拥雪方深 筋力何劳问
朝来戏五禽

孟侃老兄能长益呈 馆中同人教正
丙申岁末尽三日寒东

谢无量 是日大雪逾寸

谢无量书法作品

中外之殊，时虽有古今之异，而所学之事，所究之理，固无不同者也。

"哲学"是翻译的概念，它与中国学术中相近或相同的概念有怎样的关联呢？谢无量认为：

> 哲学之名实自拉丁文之 philosophia 转译而来，本意为爱智之义，故苏革拉第曰："我非智者，而爱智者。""智"与"哲"，义本相通。《尚书》"知人则哲"，《史记》作"知人则智"，《尔雅·释言》"智，哲也"，《方言》"哲，智也"。孔子为中国哲学之宗，尝自居好学，又曰"好学近乎智"，是即以爱智者自居矣。智者，致知之事，或生而知之，或学而知之，或困而知之，及其知之一也。自吾一身以至于宇宙万事万物之理，莫非学者当知之事。知有大有小，有偏有全；见其全者为哲学，见其偏者为科学，故哲学备矣……凡科学之原理，无不出于哲学，及其日趋精密，则离哲学而独立，别树一科以去。然则科学实自哲学而分，哲学实为科学之原矣。

这不仅从中国文献中探讨了"哲学"的语源，还简明通俗地说明了哲学与科学的关系。我们现在看来，谢无量对哲学观念的理解和初步对中国哲学史的构建在当时都具有开创意义，体现了他精深广博的学识。后来，谢无量以书法知名，其书法掩盖了其学术地位。1960年谢无量受国务院之聘，任中央文史馆副馆长。1964年去世。

在四川国学院任教最久和影响最大的是廖平，他不仅是蜀中近代最有成就和标新立异的学者，从学术史来看他应是近世今文经学的终结者。廖平，初名登廷，字旭陔，后改名平，字季平，号六译。清咸丰二年（1852）生于四川井研县盐井湾。父亲名复槐，幼年为人放牛，后来做生意，开磨坊和茶馆。廖平自七岁入私塾，于同治十三年（1874）参加四川院试，落选。时张之洞任四川学政，从弃卷中发现廖平文章，特定为第一名，次年在成都参加考试，以优等调入尊经书院学习；于光绪五年（1879）应乡试，中举，十六年（1890）中进士第，任四川龙安府（平武）府学教授。此后历任松潘厅教授、尊经书院襄校、嘉定九峰书院山长、资中艺风书院山长、安岳凤山书院山长。民国元年（1912）任四川国学院院副，1914年任四川国学学校校长。1922年辞去国学专门学校校长之职，于1932年去世。

廖平是著名的今文经学大师。儒学从东汉以来分为今文经学和古文经学两派。今文和古文之分，是因汉代所传儒家典籍使用的文字的差异。汉代的"今文"是指隶书文字，"古文"是指秦以前的大篆文字。汉代通行的是隶书，故称"今文"。西汉时立于学官的儒家经典有《诗经》的齐、鲁、韩三家，《周易》有施、孟、梁丘、京房之学，《礼记》有大戴和小戴之学，《尚书》有欧阳、大夏侯、小夏侯之学，《春秋》有公羊和穀梁之学。这些传授儒家经典的经师，他们的师承和对经典的解释是各不相同的，但都用的是"今文"文本。秦王朝时期曾焚毁儒家典籍，汉代初年经师传授经典大都凭口述，所幸秦王朝统治时间很短，儒生们还能记诵经典，使它们不致失传。汉武帝时期，鲁恭王拆毁孔子旧宅以扩建宫室，在孔宅夹壁中发现了用先秦古文——蝌蚪文书写的儒家

廖平像

经典《尚书》《礼记》《左传春秋》《论语》《周礼》《毛诗》《孝经》《仪礼》等。这些经典与今文经典在篇数、文字、传注等方面均有差别。古文经典经孔安国献于朝廷，藏于国家图书馆，西汉末年经过刘向和刘歆父子的校订整理，渐渐流传于世。东汉时期终于在儒学内部形成了今文与古文经学两大学派。今文经学派认为孔子是政治家，认为"六经"是孔子著的政治学说，解经特别注重发现经典包含的微言大义。古文经学派认为孔子是史学家，认为"六经"是孔子整理的古代史书，解经则特别注重名物训诂的考释。清代学术是以汉学——古文经学的复兴而取得巨大成就的，汉学在乾嘉时期以朴实的考据见长，因而又被称为朴学或考据学。晚清以来由于国家和民族的危难，学者们关注社会政治，志于社会改革，学术思想发生变化，以托古改制的今文经学派活跃起来。四川自王闿运在尊经书院讲学后培养了一大批今文经学家，使四川的学术空前繁荣，而代表人物便是廖平。

廖平在近代思想史上是典型的经学家，而且以尊儒尊孔为固执的学术信念。他的一生在治学道路上是不断变化的，共有六变，故晚年号六译老人。最初他是混杂今文经学和古文经学的，他于1886年著的《今古学考》即以平直公允的态度并采用细密的考证方法探讨今文经学和古文经学的起源、异同、流别和发展，由此奠定了他在中国学术界的地位。此后他由"尊今抑古"而完全转向今文经学派，阐发托古改制思想。当廖平任国学学校校长时已是他学术思想的五变与六变时期，这阶段他由发挥今文经学思想进而探究"天人之学"。他以为孔子不言鬼神，这是做学问的次第问题，儒家之道涵盖了天地、死生等人生宇宙的玄妙问题。他相信《楚辞》《山海经》《庄子》《列子》《穆天子传》《灵枢》《素问》

以及佛典等所述的天外、神游、飞升等荒诞诡怪的神话寓言都是真实的，而且都可与儒家之道相通。在廖平的观念中国学即是国粹，国粹即是儒学，儒学即是尊孔。1909年廖平在《尊孔篇》里即将"尊孔"与"保存国粹"等同，他说：

中国自汉唐以来辟雍（学宫）专主尊孔，不言帝王周公也。近因外学风潮，乃推至圣（孔子）为大祀，与天地并，黄屋左纛，用天子礼乐，帝王周公不与焉。耶教独尊上帝，禁绝百神。中国既专在尊孔，以后贤配享可也……故从历朝礼制，不敢不保守国粹，以蹈非圣不敬之罪一也。

近世学人，崇拜欧化，不一而足，攻经无圣之作时有发表，动云中国无一人可师，无一书可读。中国文庙既主尊孔，鄙意非发明尊孔宗旨，则爱国之效不易收……故必尽攻圣废话之敌情，而后可以立国；独尊孔子，则文明不能不属吾国，爱国保种之念，自油然而生矣。

这可见新学的发展使廖平等文化保守主义者甚感恐惧，因而提倡尊孔以保存国粹，企望以此达到爱国保种的目的。

廖平仅表达了一种卫道的信念，在学理上却是贫乏的。在廖平主持国学学校时，经学是主要课程，1914年他用与吴之英同撰的《经学初程》以指导学生治经学，其中确有许多经验之谈，例如：

学问之道，视乎资性，凡得力处，人各不同，不能预设程格，以律天下。然臻巧入妙，不可相传，而规矩准绳，匠人所共。

经学要有内心。看考据书,一见能解,非解人也。必须沉静思索,推比考订,自然心中贯通。若徒口头记诵,道听途说,小遇盘错,即便败绩。惟心知其意,则百变不穷。

初学见识贵超旷,然不可稍涉狂妄。若一入国学,便目空今古,盗窃元远之言,自待过高,于学问中甘苦全无领会,终归无成。不如一步一趋,自卑自迩之有实迹。

先博后约,一定之理。学者虽通小学,犹未可治专经。必须以一二年,博览群经论辩,知其源流派别,自审于何学为近,选择一经以为宗主,则无孤陋扞格之病。

这里所谈的经验体现了一般的治学规律,非常适合指导初学者。然而廖平的治学方法却摆脱不了今文经学的局限,他在发掘微言大义时不重视事实的客观性,随意曲解或推测经典之意,并与神话、纬书、医典、文学作品等联系,大肆穿凿附会,构成种种荒诞的怪说。廖平晚年探究玄虚的"天学",构建了一个荒唐的宇宙大统观,沉迷于医学,这使他偏离了纯正的学术轨道,严重有损四川国学的学术性,亦不利于国学的教学。廖平一生的著述极为丰富,晚年集为《新订六译馆丛书》,于1921年由成都存古书局刊行。

民国初年,著名学者刘师培因历史的偶然到四川国学院讲学,使蜀中今文经学独盛的局面发生变化,非常有助于四川国学的发展。刘师培,字申叔,又名光汉,号左庵,江苏仪征人,生于清光绪十年(1884)。刘氏四世传《春秋》之学。光绪二十九年(1903)

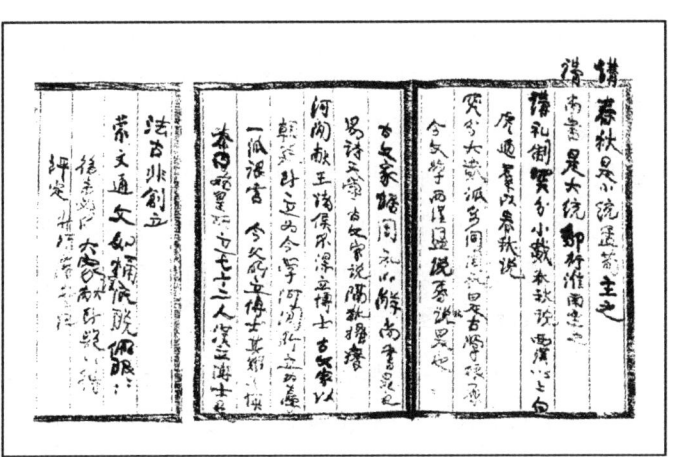

廖平晚年手迹

刘师培二十岁时赴京参加会试，归途经上海与章太炎及其爱国社团同志相识。光绪三十一年（1905）成为《国粹学报》主要撰稿人。光绪三十三年（1907）至日本，为《民报》撰稿，并创办《天义报》。晚年任北京大学教授，于1919年卒，年仅三十六岁。刘师培的著述存七十四种，涉及经学、学术史、小学和文献学的广阔领域。钱玄同认为刘师培是中国近世学术思想革新时代黎明运动（1884—1917）中与康有为、谭嗣同、梁启超、严复、夏曾佑、章太炎、孙诒让、蔡元培、王国维等一同对学术发展具有重大意义的学者。刘师培的学术可以分为前期（1903—1908）和后期（1909—1919）。他在前期政治思想趋向革命，学术上严守古文经学派的家法；后期政治思想趋于保守，学术思想却达到成熟的境地。他在四川讲学时期正是处于后期学术思想成熟的阶段。

宣统元年（1909）端方任两江总督，刘师培上书给端方，希望他在南京开办国学学校。刘师培得到端方的赏识，很快便到南京投靠端方。宣统三年辛亥——1911年9月2日清政府任命端方为川粤汉铁路督办大臣，率领鄂军三十一标及三十二标一部共两千人赴四川镇压保路运动。10月10日武昌起义成功，11月13日端方离开重庆到资中，不敢再前进，派刘师培和朱山到成都游说四川保路运动领导人，游说失败，刘师培回到资中。11月27日端方被鄂军起义部队捕杀，刘师培被拘捕。教育部和总统府分别向四川军政府发电文，请释放刘师培，并请护送到南京教育部。刘师培被释放后没有去南京，而是应四川军政府之聘，于民国元年即1912年4月到了成都，任国学院副院长；1913年夏季，刘师培离开成都，前往上海。他在四川国学学校教学实为两学期。刘师培在成都刊行了他早年的文集《左盦集》，还在《四川国学杂志》及后来的《国学荟编》上发表了许多学术论文,计有《今文〈尚书〉无序说》《周明堂考》《〈法言〉李注非故本考》《古重文考》《中国文字问题序》《〈匡谬正俗校正〉序》《西汉〈周官〉师说考》《〈春秋左氏传〉传例略解》《〈晏子春秋〉佚文辑补》《〈庄子〉校补》《〈荀子〉佚文辑补》《〈春秋繁露〉校补》《〈白虎通义〉源流考》等三十余篇论文。

刘师培虽然属于国粹派学者,但对"国粹"的理解却与其他国粹主义者的保守态度有所不同。他在《论中国并不保存国粹》里认为:"世称中国者孰不曰守旧之国哉,虽然守旧者必有旧可守者也,必能保存国粹者也。乃吾即今日之中国观之,觉一物一事之微,无一与古代相同者。吾得以一言而断之曰:中国并不保存国粹。"他具体从音乐、服饰、宫室、器具、礼俗、语言等方面说明古今的变化,没有一种东西是保存了古代的。那么所谓保存国粹,究竟是保存什么呢?什么是中华固有的好东西呢?在怎样对待中华传统文化的问题上,刘师培是感到困惑的,但他由怀疑便可去进一步追寻真理。"国学"的概念是国粹派提出的,1905年2月《国粹学报》在上海创刊,开始连载刘师培的《国学发微》。这是一部未完稿,追溯六艺之源,论及明代学术为止,从目录学的角度考察中国学术流变的历史。刘师培没有对国学下定义,从他的论述里可见其是将国学理解为中国学术的流变与发展。这样的认识是比其他国粹学者将国学等同于儒学,或将提倡国学等同于读经的见解进步多了。蜀中学者廖平的今文经学思想在晚清学术界的影响很大,刘师培在入蜀之前便对廖平进行批评,入蜀后同在国学学校主讲,进而对廖平晚年的天人之学做了批评。刘师培接受的家学是古文经学派,他力图调和今文经学与古文经学,以为汉代以前无今古文之分，西汉今文学家不废古文，所以两家仅是文字之差异。他针对廖平的《今古学考》，辨明今文与古文经学的立论大都相同，因而并不是两个学派。刘师培试图调和并抹杀今文经学派与古文经学派的差异，显然不能解释经学发展过程中的历史现象，但他对今文经学的批评则是由此作为理论依据而展开的。

晚清今文经学家提出的孔子改制说，不仅是一种学术思想，而且是变法和革命的理论。廖平的《辟刘篇》和《知圣篇》于光绪十四年（1888）完稿，后者于光绪二十八年（1902）刊行。这两篇著作是康有为著《新学伪经考》和《孔子改制考》的变法理论依据。廖平在《经话甲编》卷一记述：

> 广州康长素（有为）奇才博识，精力绝人，平生专以制度说经。戊己间从沈君子丰处得《学考》（《今古学考》）谬引为知己。及还羊城，同黄季度过广雅书局相访，余以《知圣篇》示之。（康有为）驰书相戒，近万余言，斥为好名鹜外，转变前说，急当焚毁。当时答以面谈，再决行止。后访城南安徽会馆，黄季度以病未至，两心相协，谈论移晷。明年（1891）闻江叔海得俞荫老书，而《新学伪经考》成矣。

廖平又在《四益馆经学四变记》里说："外间所传之《改制考》即祖述《知圣篇》，《伪经考》即祖述《辟刘篇》，而多失其宗旨。"廖平在《知圣篇》里多处论孔子托古改制，其论点都被康有为充分地阐发。孔子改制之说虽然被用来作为变法理论产生了积极的社会效应，但在学理上却是难以成立的。刘师培于1906年发表专文《论孔子无改制之事》，他认为：

中国自古迄今制度不同，朝名既改，则制度亦更。然改革制度之权，均操于君王，未有以庶民而操改制之柄者。以庶民而操改制之柄，始于汉儒言孔子改制，然孔子改制之说，自汉以来未有奉为定论者。奉汉儒之言为定论则始于近人。夫以庶民而改制，事非不美，特考之其时，度之于势，稽之于书，觉孔子改制之说，实未有可从者。

汉代公羊学家们以为孔子是受命于天的圣人，虽然没有在帝王的位，但有帝王之德，因而称孔子"素王"，并且以为《春秋》是孔子代天命改制，为后世帝王立的大法。这种说法仅仅是今文经学家的政治理想的依托，将孔子神化以后的附会。刘师培深刻地指出制度改革的权力是操纵在执政的最高统治集团，若从历史事实考察和参证文献记载，所谓孔子改制之说是不可能的，也是没有的。刘师培从学理上否定了孔子托古改制说是对今文经学派的重大打击。

廖平自1902年治学四变之后，在国学学校主讲经学时大谈天人之学。刘师培于民国二年（1913）在《四川国学杂志》第七期发表《与廖季平论天人书》：

夫经论繁广，条流舛散，仰研玄旨，理无二适。盖业资意造，生灭所以相轮；觉本无明，形名所以俱寂。势必物我皆谢，心形同泯，理应玄感，照极玄初，超永劫之延路，拔幽根于始造，非经纬天地，明光上下，逞变形之奇，知生类之众已也。至于《诗》《易》明天，耽周抱一，邹书极喻于天根，屈赋沉思于轻举，虽理隔常照，谭造宿业，使飞鸢之喻

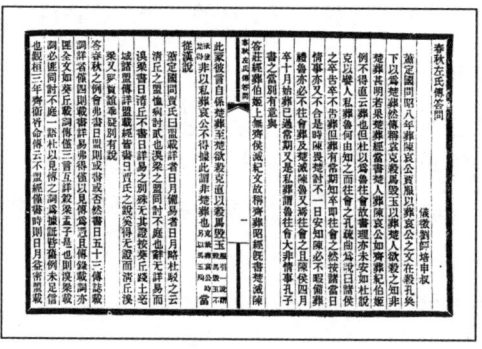

《刘申叔遗书》书影

有征，远龙之灵弗求，然巫咸升降，终属寰中，穆满神游，非超系表。何则？轻清为天，重浊为地，轻升浊降，轮转实均，是知宙为迁流，宇为方位；宙兼今古，宇彻人天。内典以道超天，前籍以无为道，玄家所云方外，仍内典所云域中耳。以天统佛；未见其可。

刘师培力图表明古代典籍繁多，学术源流杂乱，但真理只有一个。宇宙内的生命是有生死的，事物没有永恒。《诗经》和《周易》所说的"天"，《老子》和《庄子》所说的"道"，邹衍的九州，屈赋的升天，巫咸的神异，周穆王的神游，它们有的是想象，有的是比喻，范围仍然在寰宇之中，不在天外。以中国的"天"的观念去包含佛理，使它们同一，这是自来讲不通的。刘师培还指出，以"天学"阐释儒学，结果反而损毁了真正的儒学，可能导致中华学术价值的失落。批评中体现了刘师培学术思想的成熟，展示了深邃的理性光辉。

在刘师培的著述里保存了三篇讲稿——《春秋左氏传答问》《答四川国学学校诸生问〈说文〉书》《定命论讲学词》，它们都是为国学学校学生讲学时用的。尤其是在《定命论讲学词》里他再次批评了廖平关于鬼神的神秘主义学说，客观地考察了孔子的天命说。刘师培在四川国学院仅一年半时间，在国学学校教学仅两学期。此时的他正值盛年，在学术方面取得了许多重大成就，教学所产生的影响最为深远。他的治学途径与方法基本上是属于古文经学派的，却又超越了狭隘的宗派观念，看到了今古学派互有得失。他在国学学校的教学中坚持了自己的学术观点，提倡自己的治学方法；与蜀中今文经学派同事友好相处，而对以廖平为代表

《四川国学杂志》刊载的刘师培《四川国学会序》

的今文经学观点则展开了尖锐而深刻的批评，给蜀中学术界树立了一种真正而纯粹的学术风尚。当时蒙文通先生正在国学学校学习，他后来回忆说："文通于壬子（1912）、癸丑（1913）学经学于国学院，时廖（平）、刘（师培）两师及名山吴之英并在讲席，或崇古，或尊今，或会而通之，持各有故，言各成理，朝夕所闻，无非矛盾，惊骇无已，几历年所，口诵心惟，而莫敢发一问。虽无日不疑，而疑终莫能解。然依礼数以判家法，此两师之所同。"弟子们在诸位师长的纷纭的学说之间无所适从，甚感疑惑，他们的学术选择与自由思考却也颇受启发，使之在比较之中寻求真知。我们见到蒙文通先生虽治经学，但摆脱了今文经学的门户之见，并由经学转向史学，取得巨大成就。我们还见到，稍后的刘咸炘先生从家传的经学而转向史学理论的研究，显然他也受到刘师培的影响。刘师培在四川国学院的短暂教学遂带来了"蜀学丕变"，促进了四川国学运动的发展，书写了四川学术史上光辉的一页。

二　成都私立国学学校：尚友书塾

我们追溯四川国学的历史是不应忽略成都尚友书塾的。尚友书塾是刘氏创办的，它的渊源自清代道光六年（1826）刘沅在成都讲学。刘沅，字止唐，学者称槐轩先生，四川双流县人，生于乾隆三十三年（1768）。刘沅于乾隆五十七年（1792）由拔贡中试举人，此后他曾三次参加会试皆落第，遂绝意进取，从事学术著述。嘉庆十二年（1807）迁居成都纯化街，因住宅多植槐树，因名槐轩。道光六年（1826），清廷选授刘沅任湖北天门县知县，刘沅已经五十九岁，厌倦仕途而未就任。后朝廷改授国子监典簿的虚衔，他仍在成都讲学以终，卒于咸丰五年（1855）。门人编集其著述为《槐轩全书》，咸丰至民国间有刊本行世，计收《四书恒解》十一卷、《诗经恒解》六卷、《书经恒解》六卷、《易经恒解》五卷、《周官恒解》六卷、《礼记恒解》四十九卷、《仪礼恒解》十六卷、《春秋恒解》八卷、《史存》三十卷、《庄子约解》四卷等共三十种。刘沅解释儒家经典是在训诂的基础上阐发义理，超然于今文与古文经学狭隘的门户见解。他注重探究天道与性命之理，强调增进道德修养以保全人的本性。其子刘桢文在清末民初创办十二学堂；其孙刘咸焌，为光绪癸卯（1903）举人，继续办学，于

刘咸炘像

1915年在成都纯化街延庆寺内,创办明善书塾,1918年改名为尚友书塾,取尚论古人之意。

刘咸炘,字鉴泉,号宥斋,光绪二十二年(1896)出生于成都纯化街祖宅。他在五六岁时从父亲刘桭文学习,承传家学。1914年父亲去世,他已十八岁,从兄刘咸焌受业,研读《汉书》和《文史通义》;1916年任塾师,1918年著成《汉书知意》四卷,学术思想基本上形成特点,遂主持尚友书塾。

尚友书塾创办于1918年,抗日战争时期停办,1946年续办,1949年12月成都解放宣告塾址移交,共存在二十四年。尚友书塾属国学学校性质,分幼学部和少学部。幼学部是学习国学基础知识,少学部是进入专门的学术研究阶段。幼学分为甲、乙、丙、丁四级:丁级以诵读儒家经典为主;丙级诵读与讲解并重;乙级着重讲解,领会经典要义;甲级让学生校点经籍,解读训诂文理。少学学生专治经史,培养独立研究能力。1918年至1932年是尚友书塾最兴盛时期,刘咸炘任塾长,刘咸焌任少学部主讲,少学部内设研究班,塾外求学者入塾听讲甚众。当时幼学学生有一百五十至一百八十余人,少学学生有百余人。教师有刘咸焌、刘咸炘、刘恒壁、徐国光、赵举河、张维桢、韦绾青、李泽仁、熊光周、陈华鑫、罗体基、刘汝贤、刘闻、赖天锡、李克齐等。

1918年,刘咸炘初任尚友书塾主讲,在开讲辞里表述了他的教育宗旨,他说:"我今所说思事、辨志、除俗、存耻、行立、文成、功致、名正,胥于是在所务,不出目下,所造极乎宏远。"这是整个教育过程所应达到的目的,其中包含了教养和教学两个部分,而且强调学以致用和社会实践能力的培养。学生学习的对象是什么呢？刘咸炘在《浅书续录》卷上指出了一个非常广阔的范围，涵盖了人类的全部知识，他说：

> 吾尝今日为学所研究之范围，即吾国先贤哲所研究之范围，可以一言赅之曰人事而已……万物以人为中心也。物之静者无价值，价值生于动之学。故德人之言历史、文化、科学，皆以价值为目的，所谓以事明理也。价值由人而生者也，求事实乃所以求价值；求价值又为应付之预备，则由学而到术矣。

刘咸炘理解的"人事"之学是广义的史学，通过对事实的了解以明白事理，理不能离开事实。因学以明理，学问的要义是民众所谓的"懂事"，也就是明理了。学生经过学习，即事明理遂可以作为今后社会实践的准备，并对实践有着理论的指导作用。学术本指学问与道术，后来用以指系统的专门知识。刘咸炘将"术"理解为方法，学习知识是为了获得应付社会实践的方法，这就是"由学而到术"。因为着重培养学生的社会实践能力，他吸收了美国学者杜威的教育理论，以为：

> 学者，人之生活法也，故杜威谓日常生活为广义之教育，无事非学，无人不学。其正不正之辨即在是人非人，人之生活非物之生活也。学穷二酉，而伦常不修，虽学谓之非学。（《中书·一事论》）

"二酉"是湖南沅陵县西北的大酉山和小酉山，相传秦人在这里藏书，后来以"二酉"指藏书丰富。杜威过于重视通过现实生活以教育学生，相应地否定了课堂教学的重要性。刘咸炘以为学习是让学生懂得社会生活的方法，虽然他并不否定课堂教学，但确实注重培养学生的伦理道德。他认为即使读了许多书，若无道德修养，亦等于没有学习。因而，教养是达到教育目的不可缺少的环节。由于民国时期中国封建残余势力的存在，各地的书院和私塾在教育方面都提倡传统的伦理道德，礼义廉耻、孝悌忠信仍被作为伦理道德的标准而极力提倡。刘咸炘所讲的道德不同于儒家的道德观念，而接近于现代西方的观念。他将中国道德规念与西方比较之后，以为"道德之义，先圣先贤之所用心，顾遗训仅存，散无统纪，不若西方道德学书之明整"，因而在论及道德原理时说：

> 道德皆事实之自然。而今所论之道德，乃规范之当然，以善为准，而别其道与非道，德与不德。是乃价值，而非事实也。道自然而然，又有邪道，非自舛乎？曰天命之谓性，率性之谓道，修道之谓教。善本于性，性本于天。当然固以自然为准。当然者皆自然，不当然者皆不自然。世所见物之自然而不善者，实皆非自然也。（《内书·善纲》）

这里所谈的道德是以个人的本性为基础的，只要依从个人的自然本性而又不过度的就是符合道德自然原则的，而且凡是善的好的道德行为都是自然的。这种观念是道家的自然论，强调了人性自然的合理性，具有现代伦理的某些色彩，在当时是较为进步的。从这种观念出发，刘咸炘的德育思想有助于培养学生个性的发展，摆脱了传统道德观念的禁锢。教学是学校完成教育任务的主要手段，即使教养的完成也不可能是单纯的道德说教，而是贯穿在教学过程之中的。尚友书塾吸收了西方的教育制度，又参考了民国的教育制度，改变了旧式私塾笼统教学、死记硬背、遍诵儒家经典的积弊。刘咸炘在《教法浅论》里总结了五种教学方法：

（一）授读。初入学者在教师指导下识字读书，使学生读书时注意字形，将课文读熟。在读的过程中由声音而求得对文章气势的感受。

（二）讲说。先讲某篇某章有什么价值，次述章节大意，再依文本次第详细讲说。讲书时考虑到学生的接受程度，对理论层次、文法、训诂等进行分析，同时补充有关的资料，最后作出论断。

（三）问难。学生听讲后，不必回讲复述，让学生提出疑难问题；或教师提出问题，由学生回答。若教师不能回答的问题，则指导学生阅读某些参考书以求解决。

（四）作文命题。题目以说理为主，少用记事与抒情题目；题以解说经典为主，少用史论题目；题宜小不宜大，宜近不宜远。命题应指出疑难之处，多提供材料，启发学生思考与判断。

（五）改文。不改大意，不增添节段。若文法通顺，则不轻易改动结构。除了确实属有明显的荒诞与错误而外，不轻易删削。宜删除空泛之语，宜留心引用字句的准确。

关于教学方法，刘咸炘反对传统的注入式，主张采用新的教学方法，他在《浅书续录》里说：

> 近来教育学说，变注入式为启发式、自修辅导式，置重学生，启其自动。此说甚是，实旧义也。但过重学生，如教

材问题，一切皆取与学生相近，亦不免弊端。教学原以引浅入深，若惟依学生，是安于浅而不进矣。又过于放任亦非良法。教育学说与政治学说本同变迁，二者皆源于卢梭，改强齐为任其而不齐，亦道家之偏耳。

在具体方法上，已体现了刘咸炘的启发式教学方法，但他又主张不迁就学生和放任学生，尤其指出启发式教学应注意学生共同水平的提高。

中国的典籍非常繁富，刘咸炘以为基本典籍不过数十种，它们是中国文化的本原，必须认真学习，特向学生列了九十余种，计有：《周易》《老子》《庄子》《素问》《诗经》《楚辞》《七十家赋钞》《十八家诗钞》《周礼》《管子》《通典》《清会典》《仪礼》《礼记》《荀子》《白虎通义》《读礼通考》《韩非子》《左传》《资治通鉴》《国语》《史记》《汉书》《后汉书》《史通》《文史通义》《四书》《吕氏春秋》《淮南子》《尔雅》《广雅》《说文解字》《音论》《读书杂志》《经义述闻》《经传释词》《古书疑义举例》《文选》《骈体文钞》《古文辞类纂》《文心雕龙》等。他称所拟的书目为《书原》，并做了细致的解说。学生在书塾里怎样学习，通过什么途径，这是学习方法问题，刘咸炘将学习过程概括为四个阶段。第一个阶段是求明大义，即以学明理之意；第二阶段为专门研究，要求学生专治一书；第三阶段是掌握治学工具，要求学生懂得文字学、目录学、考证法和阅读大量参考书；第四阶段要参考学习西方哲学、心理学、伦理学、社会学、经济学、政治学等专门系统的科学。

自民国初年以来，虽然逐步建立了现代学校制度，但还有政界和学界的人物提倡读经，即读儒家经典，而一些国学专科学校更以读经为主。刘咸炘对此是持反对态度的，他以为："今之读经既非场屋，而幼学之士又不必尽成儒，或稍长者即为农工，或半途而改从他业，其所通求者，乃在识字明理耳。"这是就幼学学生而言的。当时旧的科举制度已经废除，学生不为读经应试了，而且幼学部的学生读书只求识字明理，将来从事一般社会职业，用不着遍读儒家经典。当然儒家经典作为中国传统文化的重要部分是可以选择一些让幼学学生学习的。刘咸炘在《幼学教纲》里说：

> 诸经有切近不切近之别。《四书》《孝经》及《礼记》中精要之篇，为人之大义，自当熟读。《毛诗》之先授者，以其有韵易记，且诵诗舞勺，陶冶童心，本古小学之法也。至如《尚书》知远，本古大学之教；《周官》《士礼》，本非诵读之文；《易象》《春秋》，孔门亦不尽通。且盤诰聱牙，仪文细碎，卦爻繁赜，成诵已难。左丘之传，同于马（司马迁）班（固），更何须遍诵。故今之所定，自《孝经》《四书》外，以《诗》与《礼记》为先，《易》《书》则视其时力。

即使选择部分儒家经典作教材，刘咸炘也是从"六经皆史"的观点出发，以为它们仅是历史而已，并无神圣意义。他的这种主张是很合理的，在当时是比较进步的。因刘咸炘自觉地吸收了新学和西学，他将自己阅读的新学书籍择要介绍给学生，使他们接受新学，专门编了《新书举要》以供学生选读，其中有日本樋口秀雄的《近代思想解剖》，日本厨川白村的《近代文学十讲》，顾西曼著、瞿世英译《西洋哲学史》，英国斯宾塞的《群学肄言》，德国米尔的《社会进化史》，高一涵的《欧洲政治思想史》，吕澂的《美学概论》，德国利勃斯的《伦理学之根本问题》，美国杜威的《实验主义伦理学》，英国麦独孤的《社会心理学》，张东荪的《科学与哲学》，潘光旦的《中国之家庭问题》，陶希圣的《中国社会与中国革命》等五十余种。这在民国时期的各书院、书塾等旧式学校中都是罕见的。尚友书塾是很有特点和很有成就的，就其性质而言，它实为成都的私立国学学校。

《尚友书塾季报》于1925年创刊，它实为成都早期的国学杂志，在创刊号《略例》里表明的办刊宗旨是："本塾专究国学，已历十年。今仿书院总集、学校杂志之例，印行季报，以发表一堂师弟研究之所得，期与当代学者共商榷之。"季报共出版了八期，是为年刊，至1932年刘咸炘去世后停刊。

季报每期分为四个部分：甲录特撰，发表教师论文；乙录课文，发表教师对课文的解说；丙录日札，发表学生读书札记；丁录杂作，发表师生散文与诗词作品。刘咸炘在季报发表的论著有《学纲》、《太史公书知意总论》、《蜀土俗略考》、《增广贤文序》、《视听》、《哀乐》、《史目论》、《旧书别录》（《晏子春秋》《盐铁论》《风俗通义》《击壤集》）、《元睢景臣〈高祖还乡曲〉书后》、《曲论》、《宾萌》、《时变》、《墨乱》、《认经论》《道家史观说》）、《全真教论》、《文选叙说》、《外书四篇》、《沙门道士谤书考》、《重修宋史述意》；这是季报最有学术价值的部分。此外值得注意的论文尚有：韦缉青《二南篇次说》《孔子删诗驳议》、罗体基《诗经义事分类》、李泽仁《太史公书引老子语考》、李克齐《西汉郡国令长考》《村书考》、张昌荣《汉以上方物考》、徐国光

《易之研究》、张勋初《诗经间词考》《尔雅作者考》、王树梁《西汉土风考》、周琼《汉八校尉考》、王庆渊《汉代黄老学者综论》、熊光周《叔孙通制礼考》、杨致元《汉郡都尉驻地考》、邓自仁《春秋战祸考》、刘开柳《两汉官吏生计考》、刘开沔《汉末豪右据地考》等。季报的论文大都是尚友书塾教师们治学与教学的心得，而且学术风气浓厚，不受儒家经学的束缚，坚持办了八期，这是难能可贵的。季报的宗旨本来是探讨国学，"期与当代学者共商榷之"，但是在实际上却具有封闭性的特点，其中的论述明显地仍在旧学的范围，远远脱离了主流文化，所以它在四川国学运动中的影响是很微弱的。尚友书塾最大的成就是出现了一位蜀中的国学大师刘咸炘。

1926年张澜任成都大学校长，广聘著名学者任教，刘咸炘受聘为中文系教员。他自述："余年三十而足不出百里，向所与游者，惟姻党及父兄门下。丙寅（1926）出教国学，始得新交数人。"在成都大学中文系，他与吴虞、李劼人、吴芳吉、刘复、卢前、彭芸生、唐迪风等相识。1932年刘咸炘去世，仅三十六岁，但著述达两百余种，计四百万余字，遗著汇编为《推十书》，集其经学、哲学、史学、文学、目录学、校雠学的重要论著。《推十书》于1996年由成都古籍书店影印出版，其整理本于2009年由上海科技文献出版社出版，而且相关的研究论文亦不断发表，这使刘咸炘在四川国学运动中的地位逐渐显著。

刘咸炘的学术渊源颇为特殊，他承传了祖父刘沅的经学，崇尚章学诚的史学，又吸收了西方学术。他少年时代在家塾里从父兄学习；槐轩先生刘沅私淑章学诚，长于义理之学，这对刘咸炘

很有影响。他对章氏之学深有理解,在《文史通义识语》里说:

> 先生之学,以校雠为本,崇刘氏父子(刘向,刘歆),大要不过以六艺统诸子。六艺记实事,诸子说虚理,史即经之流,集乃子之流,此一义也;记实者在先,说虚理者在后,古学在官,后变师授,此又一义也。由此而推,以合统分,以公统私,乃先生之大识通义。

章学诚是清代乾嘉时期的史学家,他是从目录学而辨析中国学术源流的;以为中国学术是先有儒家经典,它们是记载事实的——"六经皆史",后来才有谈义理的诸子之学,因而他很注意从学术之源来考察学术的流变。刘咸炘《自述》里比较他与祖父和章氏之学的特点说:

> 吾之学,《论语》所谓学文也。学文者知之学也,所知者事之理也,所从出者家学。祖考槐轩先生私淑章实斋先生也。槐轩言道,实斋言器。槐轩之言,总于辨先天与后天;实斋之言,总于辨统与类。凡事物之理,无过同与异,知者知此而已。先天与统同也,后天与类异也。槐轩明先天而略于后天;实斋不知先天,虽亦言统,止明类而已,又止详文史之本体,而略文史之所载;所载广矣,皆人事之异也。吾所究即在此。故槐轩言同,吾言异;槐轩言一,吾言两;槐轩言先天,吾言后天;槐轩言本,吾言末而已。

这是从认识论的高度来比较三家之学的。刘咸炘认为,刘沅

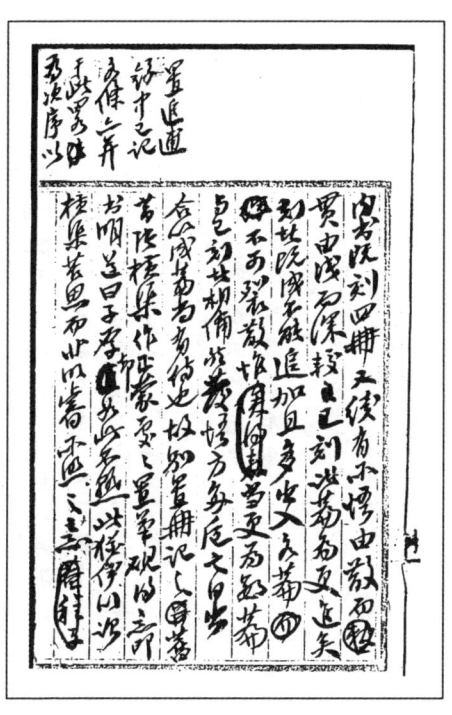

刘咸炘先生遗稿手迹

性不易畏道不易遇時不易求
廛之奉吳胡為嗜二所不自靖
歉不可長欲不可縱言不可浮
知之熟矣胡為靡二而安于偷
名之不植名于無疾終身之憂惟之不立何以
膝覘祖宗之名酒食憒憒游詐浮交做豕可以休
畏乎不畏思之
思之庶幾有瘳

右座右銘甲寅十一月課作也
突兀空言與躬踐隨了已神昏
向蒙賢袁沅虞書戒力行
人康言水　咸炘

刘咸炘墨迹

探究的是超出经验的抽象的天道，见到事物的共同性和本质；章学诚只见到事物的类别，忽略具体的事实的变异。刘咸炘关注的是经验的事实，在了解事物异同的基础上以认识事实的变异。然而他的学术却并不局限于经验事实的探讨，而是以史学理论为主，进而探讨先秦诸子哲学，在价值判断方面取儒家与道家相结合的观念。刘咸炘的主要著作构成了一个完整的体系：《中书》取儒家"中庸"之义，治学守中；《左书》研究儒家、道家和理学家的理论；《右书》论述伦理道德，包括礼制、政治；《内书》论自我修养，致知与力行的关系；《外书》是对中国传统学术思想与西方思想的比较；《浅书》是关于教育和教学的理论。他经过这样的探讨，试图解决哲学认识论的若干对立的范畴，以求得对立的同一。他在1922年概括认识论的十对范畴是："阴阳""虚实""源流""始终""古今""来往""南北""东西""同异""公私"。每对范畴中的两方面都是互相对立的，怎样解决它们的矛盾对立，这是让古往今来许多哲学家感到困惑的问题。刘咸炘试图使它们合一，于是提出了"推十合一，执两用中"的理论，所以他的全部著作名为《推十书》。他虽然艰苦地以思辨的方法来探讨这些玄妙的问题，但并未在理论上很好地加以解决。他建立的学术体系具有哲学家的追求，用来指导他关于史学、儒学、道家、理学、学术史、文学、考据学的研究，因而他并未是走向哲学家的道路，仍然是一位国学研究者。

国学家们都是中国传统文化的守护者，力图弘扬传统文化，增强民族自信，努力探索着中国的学术问题。他们对于国学的认识不尽相同，治学的道路有很大的差异，但都必须解决国学是什么、怎样对待儒学与中国学术的关系、怎样重新评价晚清以来重新发起的古文经学与今文经学之争等问题。刘咸炘对这些问题有自己独特的理解与认识。国学是什么？刘咸炘在讲授国学时说：

> 欲求成学，必须自读，盖国学本与科学不同。科学程序、性质，均固定分明，亦以来自西洋，国人能读其书者稀，不能广览深究，惟凭转贩，故依次讲授，本毕功完。吾国学，则四部相连，多不可划疆而治；且陈编具在，待我穷研，即云浅尝，四部常识，已非一端，数大经史，亦不可一窥其略。（《幼教论纲》）

这第一次指出了国学的综合性质，它与西方现代科学的专门性质是相异的，学习的方法也是不同的。他理解的国学是以中国的经、史、子、集四部书为对象的传统文化，因而主张从"博"入手。国学的对象若理解为关于中国文献与历史中存在的若干狭小而困难的学术问题，那么我们研究每一个问题，是不可能划疆而治的。国学的课题大都是采用传统的考据学方法研究的。关于考据问题，刘咸炘在《治史绪论》里认为："考证在成书之先，然不成书，则止是零碎事迹，不得为史。"这一见解也可以启发我们对国学性质的认识。中国文献与历史上存在的若干狭小的学术考证问题，它们虽然分属某学科的研究范围，但却非某学科的研究方法可以解决的，而这些成果又难归入某学科；它仅是某专门学科研究的准备和事实依据而已；这正如"考证事实"与"史学"的关系一样。刘咸炘的国学观念中蕴含着合理的因素和智慧的内光，值得我们认真体会。

经学是自汉代以来两千余年中国统治思想的理论基础，是中国传统文化的主流。中国古代学者皓首穷经，视儒家的"六经"为神圣，这大大地禁锢了学术思想。清代学者章学诚在《文史通义·易教》里明确提出"六经皆史"之说，在中国学术思想史上产生了划时代的影响。刘咸炘接受并修正了此说，他认为：

> 谓六经皆史，为政典，为典章制度者，章君穷于词之词也，不如直谓之正书。《诗》《书》《礼》《乐》，谓之四术，《易象》《春秋》《周礼》斯在此，固皆当时所尊，以为正本者也，即不经孔子之裁，虽无经名，而已可名为经矣。无论经之名为孔子以前所已有，或为儒者尊之之词，要其所以为经，固不因圣裁。章君谓六经初不为尊称是也，而又谓义取经纶为万世法则稍偏耳。（《校雠述林》卷一）

他赞同六经为史，但否定用"经纶为万世法"的意义去理解，它们只是中国古代的经典，记述事实，通过事实以明理。"六经"并不是孔子裁定的，它们最初也不是很受尊重的。刘咸炘还从学术源流来看，以为"六经"是分属于不同性质的学科，专治一经的不能称为"经学"。传统治经学以小学——文字、音韵、训诂为途径，从事考证，附会凡例，这样并没有得到经的真义，也就不能称为"经学"。刘咸炘很客观地从学理上辨析"六经"的本来意义，还原"六经"的真实面目，也就将它的神圣的色彩剥去了。在刘咸炘的学术系统中，"六经"仅是其研究对象之一，包括在"史"之内。其治学方法兼取道家的思辨，他说：

> 吾常言，吾之学其对象，可一言以蔽之曰史；其方法，

可一言以蔽之曰道家。何故舍经而言史，舍儒而言道，此不可不说。吾侪所业，乃学文之学，非《论语》首章所谓学也。此学以明事理为的，观事理必于史。此史是广义，非但指纪传编年，经亦在内。学之言理，乃从史出。（《道家史观说》）

他所理解的"史"是广义的，包含了历史、政治、经济、社会等学，"六经"也在其中。这种"学"是历史与文献的结合，以探讨事理为目的，不同于儒家以政治伦理为目的之学。

由于有这样的认识，刘咸炘治国学不再重蹈经学家的故辙，可以超然于今文与古文经学的偏见，对四川今文经学思想的特盛客观评价。他的《经今文学论》是一篇精深的论文，评论了蜀中国学前辈廖平的学术思想，在肯定廖平《今古学考》的前提下，对今古经学之争的关键问题如今古文经典、孔子的评价、孔子是否作经、刘歆伪造经典、治学方法等进行了尖锐的批评。例如今文经学家最讲求经典的微言大义问题，他说：

若言之理，则两家互有得失，未见孰全优而孰全劣也。廖氏《今古学考》曰："因革损益，止是制度，义理则百世可知，故今古之争，止在制度，不在义理，以义理今古所同也。"此论是也。两汉经学家微言大义亦自无多，以吾观之，其精深卓荦足以绍孔门而超诸子者，宋儒乃能发明之，而今文家反不措意，彼固以为不当空言义理也。夫于古事邪，则今文家所证明者孔子以前皆怪力乱神也；于孔子之学邪，则所证明者为粗略之政论，神秘之谶语。诸公之成绩如是耳。（《左书》卷二）

今文经学家所倡导的发明儒家圣人的微言大义，多属穿凿附会，还不如宋代理学家对儒学义理的阐释。今文经学家所发明的属于远古荒诞的东西，他们的经世致用则流为粗俗的政论。这是廖平等今文经学家的根本痼疾。刘咸炘的评论是尖锐而深刻的，至今对我们认识今文经学派思想仍有指导意义。

刘咸炘在国学研究中独辟蹊径，探索着一条新的道路，在旧学范围内作了最大的努力。他的国学观念包含有重要的合理因素，他对中国学术的特点与价值的认识，于我们尚有启迪意义，其思辨与学理所达到的高度，亦值得我们学习。从刘咸炘学术的广博与精深及其丰硕成就来看，他实不愧为蜀中的国学大师。

三　国学运动的中心转移在西南

四川国学院与《四川国学杂志》在国学运动中的领先地位，国学大师廖平、刘咸炘及入川的刘师培的国学研究成就，它们都足以表明四川国学是国学运动中的一个重要组成部分。1923年胡适发表《北京大学〈国学季刊〉发刊宣言》，标志着国学运动的新思潮和新学风的兴起，自此以科学考证方法研究国学成为国学运动的主流。然而我们却见到四川国学界对新思潮和新方法是采取抵制态度的，仍然以旧学——经学为主导，仍然采取传统的治学方法和文言的表述方式，坚持国粹主义的道路，以致四川国学的发展渐渐因守旧而落后了。四川国学运动的根本变化是发生在抗日战争时期。中国抗日战争全面爆发以后，国民政府于1938年底迁都于西南的重庆。在这特殊的历史条件下，重庆成为全国政治与文化的中心。1938年5月哲学家贺麟时在昆明西南联合大学，特于《云南日报》发表《抗战建国与学术建国》。贺麟是四川金堂县五凤溪人，以研究和翻译西方哲学称著。关于抗战与建国的关系，他认为：

中国百年来之受异族侵凌，国势不振，根本原因还是由于学术文化不如人。而中国之所以复兴建国的展望，亦因中华民族是有文化敏感、学术陶养的民族，以数千年深厚的文化基础，与外来文化接触，反可引起新生机，逐步繁荣滋长。近数十年来，虚心努力，学习西洋新学术，接受西洋近代化的结果，我们整个民族已再生了，觉悟了，有精神自由的要求了，已决非任何机械的武力、外来的统治所能屈服了。所以我们现在的抗战建国运动，乃是有深厚的精神背景和普遍的学术文化基础的抗战建国运动。

中华民族因为有深厚的学术文化根基，并在接受西方近代文化之后焕发了新的生机，因此是不可征服的。中华民族对于抗战是有必胜信心的，所以在抗战时期同时进行国家的建设。在建国过程中，贺麟认为学术文化的复兴是关系着国家民族命运的。他说：

> 任何开明的政治，必基于学术的政治。一个民族的复兴，即是那一民族学术文化的复兴。一个国家的建国，本质上必是一个创进的学术文化的建国。抗战不忘学术，庶不仅是五分钟热血的抗战，庶不致是死气沉沉的学术，而是负担民族使命，建立自由国家，洋溢着精神力量的学术。

这是从民族生命的本质来论述抗战、建国和学术的关系。抗战不忘学术，使中华民族在最艰苦的年代能产生巨大的精神力量。正是在这种高度的文化战略的指导下，国学运动未因战争的烽火而停止或消解，反而得以发展壮大、生气勃勃，体现了中华民族伟大而坚忍的精神。国学运动的发展自来与新史学有着紧密的联系，新史学中的历史语言学派、古史辨派以及史料学的研究对象也就是国学研究的对象，或者说它们是国学运动中的流派。抗日战争中新史学是最活跃的，其成就是最为丰硕的。胡绳于《新华半月刊》1946年第二卷第五期发表《近五年间中国历史研究的成就》说：

> 1940年以后，抗战进入了相持阶段的最沉闷、最艰难的时期……实际的形势使人更加看出抗战的胜利和中国问题的解决绝不是短期内可以奏效的事，也就逼得人不能不从深远处来研究中国的历史和实际，由这里来追寻解决中国问题的线索。所以就形成了这一时期中国历史研究风气的旺盛。

抗战建国，抗战不忘学术，从历史文化追求中国问题解决的线索，这都大大地推动了国学运动在新的历史条件下的新的发展。

国民政府迁都重庆后慎重处理了抗日战争与学术建国的关系，对文化工作与学术研究给予提倡和支持。国民政府军事委员会政治部第三厅厅长由郭沫若担任，负责抗日的宣传工作，因此集合了一大批进步的文化工作者。1940年秋，第三厅改组，成立文化工作委员会，郭沫若为主任委员。文化工作委员会是国民政府专门设置的纯学术研究机构，参加工作者有茅盾、老舍、陶行知、沈志远、张志让、邓初民、杜国庠、王昆仑、翦伯赞、侯外庐、郑伯奇、田汉、洪深、马宗融、卢于道、胡风、黎东方等学者和作家。当时学术研究蔚为风气，学术思想自由，出版有侯外庐的

《中国古代思想学说史》、杜国庠的《先秦诸子的若干问题》、侯外庐与纪玄冰的《中国思想通史》、翦伯赞的《中国史纲》、吕振羽的《中国政治思想史》、卢于道的《科学与民族复兴》、沈志远的《政治经济学大纲》、王昆仑的《红楼梦人物论》、郭沫若的《青铜时代》和《十批判书》。此外在重庆出版的国学论著有顾实的《国学运动大纲》（中华国学出版社，1943年）、章太炎的《国学概论》（中华文化服务社，1943年）、钱穆的《国学概论》（商务印书馆，1943年）、蒋梅笙的《国学入门》（正中书局，1943年）、谭正璧的《国学入门》（世界书局，1943年）。

国立中央大学于抗日战争爆发后迁于重庆沙坪坝，于1943年创办了《文史哲季刊》，至1945年共出版了三卷五期。此刊由顾颉刚任副社长，发表专业学术论文。征稿简则规定："一、本刊以发表关于文学、史学、哲学之论著为宗旨，校内外投稿均所欢迎。二、来稿每篇字数至多勿超过二万字。"此刊实由顾颉刚主编，他当时兼任中央大学史学系教授。此刊三卷中发表的重要国学论文有：罗根泽《墨子探源》、金毓黻《宋代兵制考实》、韩儒林《蒙古的名称》、贺昌群《清谈之起源》《烽燧考》、黄淬伯《诗传笺商兑》、唐圭璋《云谣集杂曲子校释》、李翊灼《悉昙声字实相义释》、朱希祖《汉王劫五诸侯兵考》、鲁实先《金乙未元历朔实考》、缪凤林《古代巴蜀文化》、钱穆《两汉博士家法考》、柳诒征《三国志裴注义例》、金毓黻《宋国史所载岳飞战功辨证》、杨潜斋《离骚笺证》、游寿《金文武功文献考辑》、黄少荃《战国史异辞》、唐圭璋《宋词版本考》、王玉章《宋元戏曲史商榷》等。

复旦大学在抗日战争爆发后迁于重庆，校本部设在北碚黄桷树镇，1942年改名为国立复旦大学。1943年初，章益先生任复旦大学校长，学校增聘大批著名学者和作家任教，有周谷城、陈望道、顾颉刚、吕振羽、任美锷、陈子展、章靳以、曹禺、马宗融、梁宗岱、方令儒、洪深、樊弘、李蕃、张明养、张志让、潘振亚、韦悫、张光禹、李仲珩、邓静华、钱崇澍、秉志、童第周、卢于道、陈维稷、严家显、吴觉农、陈恩凤等。

抗日战争时期随着国民政府迁都重庆，全国的学术名流云集西南，国学运动的中心亦转移到西南了。

当时在重庆办得最好、社会影响最大和学术成就最高的国学杂志是由顾颉刚主编的《文史杂志》，它表达了国学家们在抗战中的学术使命感和民族爱国情感，使学术与现实相联系，因而时代特色非常鲜明。

"文史"这个词语本指文书记事，后来指文艺与史学，但它在20世纪30年代却被赋予一种新的意义。1932年北京大学研究院成立，将原来的研究所国学门改名为研究院文史部，研究方向以中国古代语言、文学、历史、思想史、社会制度为主。学术界立即有所反响：1933年6月国立暨南大学出版《文史丛刊》，1935年3月中山大学研究院文科研究所出版《文史汇刊》，1935年7月安徽大学文史学会出版《安大文史丛刊》。文史的含义是什么呢？1946年10月16日天津《大公报·文史周刊》创刊，胡适发表《〈文史〉的引子》，针对文史研究解释说：

> 《文史》副刊是我们几个爱读书的朋友们凑合的一个"读书俱乐部"。我们想在这里提出我们自己研究文史的一些小问题，一些小成绩……我们用"文史"一个名词，可以说是泛指文化史的各方面。我们当然不想在这个小刊物里讨论文化

史的大问题，我们只想就各人平日的兴趣，提出一些范围比较狭小的问题，做一点细密的考究，寻求一些我们认为值得讨论的结论……文史学者的主要工作，还是只寻求无数细小问题的细密解答。

文化史的研究是讨论重大的学术思想问题，文史研究是对文化史上狭小问题作细密的考证，特别注重证据。此后胡适不再谈国学研究而谈文史考证了。自国学门改为文史部，是更准确地揭示了国学的内涵，即它是对中国文献与历史上的狭小的问题作细密的考证。《文史杂志》的创办即是发展了新的国学观念。

《文史杂志》是国民党党部办的，当时朱家骅任国民党中央组织部长，吴铁城任国民党中央执行委员会秘书长，杂志属秘书处。1941年1月朱家骅请顾颉刚主编《文史杂志》，顾颉刚于1941年6月5日至重庆。为什么要办这个杂志，朱家骅说："抗战以来，物价日高，一班大学教授生活困难。政府正替他们想办法，这个杂志就是办法的一种，要使能写文章的文学院教授们得到些稿费作为生活的补助。"这个刊物虽是党部办的，却是纯学术性的。顾颉刚同意了。杂志社的社长是叶楚伧，顾颉刚任副社长兼主编。在抗日战争时期，研究文史问题有什么意义呢？后来顾颉刚在《文史杂志》第六卷一期的《复刊词》里追记：

《文史杂志》是民国三十年在重庆创刊的。那时正是兵荒马乱的时候，敌机除了雾季之外，差不多天天飞到重庆，都市里的人民日夜在进防空洞。一座好好的重庆城，炸得几乎没有一间完整的屋子。我们在这个时候来办这个杂志并不是有什么闲情逸致，我们只是认为：战事不知何日终了，我们不知可再活几天，如果我们不把这一星星的火焰传衍下去，说不定我们的后人竟会因此而度过一个长期的黑暗生涯。历史的传统是不能一天中断的，如果中断了就会前后衔接不起来。我们都是服务于文化界的人，自己的生命总有终止的一天，不值得太留恋，但这文化的蜡炬在无论怎样艰苦的环境中总得点着，好让孑遗的人们或其子孙来接受这个传统。这个传统是什么，便是我们的民族精神，立国根本。

文史工作者的神圣使命是承传中华文化传统，发扬我们的民族精神，这是在任何时候都不能中断的，这是我们民族存在的根本，也是立国的根本。《文史杂志》从1941年至1945年共出版了五卷，每卷十二期，渝版。社址在重庆上清寺聚兴村二十一号。投稿简则规定：

一　本杂志欢迎自然社会等科学之研究性著述及文艺创作稿件。

二　来稿无论为论文、译述、传记、小说、诗歌、戏本、散文均所欢迎。

三　来稿字数以四千至万字为原则；但特约稿不在此限。

四　来稿务须缮写清楚，并加新式标点符号；如系译稿，请附原文；否则，亦请详示原文出处，作者姓名及出版年月地址。

我们从《文史杂志》所发表的文章来看，文艺作品是很少的，处于附属地位；其主要的部分是国学——文史的专业论文，而且是极富创见的。其中重要的国学论文有：朱东润《大慈恩寺三藏法师传述论》、顾颉刚《商亡国的始末》《黄河流域与中国古代文明》、罗常培《现代方言中的古音遗迹》、唐兰《论骑术入中国始于周末》《评铁云藏龟零拾》《苏秦考》、王德昭《同治新政考》、张荫麟《宋太祖誓碑及政事堂刻石考》、辰伯《宋宫制杂释》、杨志玖《关于马可波罗离华的一段汉文记载》、魏青铿《元顺帝为宋裔考》、韩儒林《汉代西域屯田与车师伊吾的争夺》、贺昌群《黄巾贼与太平道》、邓广铭《宋史职官志抉原匡谬》、朱希祖《屈大均著述考》《南明广州殉国诸王考》《全唐诗之来源及其遗佚考》、龚骏《两汉与罗马的丝贸易考》《汉代国力膨胀关系罗马灭亡考》、李源澄《霍光辅政与霍氏族诛考实》、荆三林《敖仓故址考》、方豪《明季西书七千部流入中国考》、陆懋德《汉中各县诸葛武侯遗迹考》、王栻《天德王洪大全考》、陶元珍《后明韩主续考》、向达《唐代俗讲考》、刘节《辨墨儒》《老子考》、张震泽《许慎之著述》、胡白涛《太平军出入汉中的一段史实》、隋觉《太平天国女馆考》、王芃生《四犯令考》、白寿彝《读桑原隲藏〈蒲寿庚考〉札记》、黄忏华《禅宗初祖菩提达摩考》、法尊《元明间与中国有关之西藏佛教》、钱南扬《谱曲考评》、詹锳《李白家世考异》、许庄叔《石鼓为秦文公鄜畤旧物考》、李源澄《西晋南朝社会阶级考》、王树椒《北魏汉兵考》、方诗铭《〈大唐三藏取经诗话〉为宋人说经话本考》等等。这些论文都旨在以细密的考证去解决中国文献与历史上的狭小的学术问题，是国学研究的优秀成果。

在《文史杂志》创刊号上，社长叶楚伧发表了《文史与兴亡》一文以阐明办刊的宗旨：

《文史杂志》创刊号

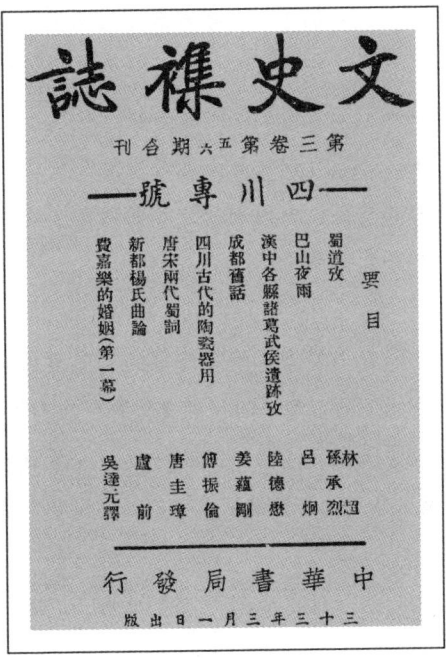

《文史杂志》书影

我是一个对文史很有兴趣的人，但兴趣虽有，认识方面还不够得很，现在就我所知道的，来给《文史杂志》做一点贡献。

读书贵有心得，但"心得"二字，各人的见解不同，所以中国文化在历史上每见有互异的批评。因为各人有各人的心得，而有不同的见解，所以发生许多文史的批评案，到现在还不能判断。我们想，从今以后，凡是批评文史的人都要对于国家、社会、民族三方面同时注意，好像一个等边三角形，要在这等边三角形中间取得中心……

一代的文化，可以看到一代的兴亡。中国历史上整个的文化，也可以看得出中国一兴一亡的症结。这个民族有这个民族的一兴一亡的成绩。

这指出文史研究是着力于解决许多的文史批评案——文献和历史上存在的学术问题，每一时代的文化都反映着民族的兴与亡；文史工作者要关注国家、社会和民族的命运。顾颉刚在创刊号的《编辑后记》里对办刊的宗旨做了更为具体的说明，他说：

本杂志创刊号现在毕竟与读者相见了，这个刊物的产生是国内爱好研究文史之学的朋友们，存了许久的一个希望；至今这个希望才得到实现……

它所负的使命，在叶先生赐写的《文史与兴亡》文内，已经给我们一个极伟大而庄严的指示。这样重大的使命，本刊能否荷负，那是另一问题，但无论如何我们是要勉力一试的。在叶先生所指示的以外，我们还有以下几点小意见：

(一) 我们极愿意用文史的笔调多介绍些科学的知识,并希望借此倡导些研究科学的兴趣。(二) 我们极愿以服务的精神,用这小小的刊物供给国内一般青年及从业人员,一些学术研究的读物,使大家在读这些作品以后,盼能有所得而做知识上的补充。(三) 我们想在这个刊物上多刊载一些传记类的文字,借使读者能引起些景仰心和引作模楷的观念。(四) 我们想借此提倡些有俾实际的学问和建设性的言论,不多作那空疏的评议。(五) 我们想借此提倡些研究的风气,并不自量力的提供点治学的方法,以期对青年朋友们能有所帮助。

顾颉刚试图以青年学子为对象,期望培养他们研究科学的兴趣,提倡研究实际的学问,提倡科学研究的风气。他的意图在杂志中得到了贯彻,所发表的文章多具有原创的学术性,而且文笔生动,资料翔实,极为通俗,因此体现出一种新的学术风尚和新的研究方法。《文史杂志》是纯学术性的,但它的确贯彻了"文史与兴亡"的使命,时代的特色是很突出的。《文史杂志》发行了许多学术研究的专号,其第三卷第五、六期合刊(1944年3月1日)是"四川专号",这时抗战胜利在望,合刊发表社论《创造四川历史的新页》:

谁都知道,抗战以来的四川,已成为复兴中华民族的根据地,四川的历史已随着抗战而翻开了新的一页。这一新页无疑的将是写着以四川为根据地的中华民族复兴的辉煌的史迹;而就四川本省来说,则将是写着如何有效的动员四川的人力物力财力以完成民族复兴任务的光荣伟大的成就。所以

投稿簡則

一、本雜誌歡迎自然社會科學之研究著述及文藝創作稿件。

二、來稿無論為論文、譯述、傳記、小說、詩歌、戲本、散文均所歡迎。

三、來稿以數以四千至萬字為原則，但特約稿不在此限。

四、來稿務須寫清楚，並加新式標點符號；如係譯稿，請附原文；奇則，亦請詳示原文出處，作者姓名及出版年月地址，以便通訊，稿名發表時用何筆名，總希註明。

五、來稿請依法附繕地址及真姓名。

六、本雜誌對來稿有修改權，某不願修改者，請於投稿時附加聲明。

七、稿酬刊載與否，概不退還，但附足郵資及特別聲明者不在此限。

八、稿酬採用，稿酬從豐，此在他處發表者，非經先商得本雜誌登載之同意，不得刊載。

九、本雜誌歷載之稿件，它版權即當本雜誌所有；但作者如欲另收入已在本雜誌登載之時，趨先函得本雜誌之同意。

十、來稿請寄重慶上清寺聚興村二十一號文史雜誌社。

編輯者　文史雜誌社
　　　　社址：重慶上清寺聚興村二十一號

印行者　獨立出版社
　　　　社址：江北香國寺上首

總經售　中國文化服務社
　　　　重慶中一路二八〇號

定　價　每册實價四角
　　　　重慶磁器街二十一號

举国上下莫不集中注意力并以热烈的情绪期待着这一页历史的写作。

在今天，四川是陪都所在地，是全国人士荟萃之所，这历史新页的创造，我们当然不能完全责望那一地方人，更不能责望那部分人，全国每一地方每一部门的人都应该直接间接的努力以促其成功。本刊根据这一信念，希望就文史学工作者的立场，对此做毫末的贡献，这是本刊此次编辑四川专号的微意。

文史工作者所能做的贡献便是从学术的观点来探讨四川的历史与现实的问题。这个专号突显了四川在抗日战争中所担负的复兴中华民族的历史重任，开创了四川新的历史。1945年8月15日日本宣告无条件投降，中国抗日战争取得最后胜利。《文史杂志》立即发表社论《敌寇应赔偿我们学术界的损失》，文云：

军兴以来，迄今八载，瞻望前途，胜利已到。奋发淬励，自强不息，全国人士都应该有这样的发愿；至于一向从事学术工作的人们尤其是应该如此。

但是，我们如果回顾既往，这八年来学术界的艰辛日月，实在令人触目惊心！八年以前，谁也不会料想到这悠长的岁月，这渺远的道路，竟是这样的崎岖而不易度过。靠了学术界人士的坚毅忍耐，历尽了种种的困难和挫磨，才慢慢地走上了平坦的大道，接近了光明的境界。这种任重道远，百折不屈的精神，实在应该博得广大的同情和尊敬！

虽然是如此，究竟这八年来的灾难着实阻碍了我们学术工作的成就……战争固然难免破坏，但有心破坏我们的学术文化机关，而企图使我们民族永远陷入失去灵魂的境界，则是敌寇所特有的深谋远虑的作风。我们回忆自从战争开始以来，敌寇都一贯的破坏我们的学术文化的机关为目的，而这些机关和战争都没有什么直接的关系。无数的学术和文化性质的建筑不断地被毁，不可估计的图书和仪器不断地被焚烧与掠夺，若干有历史的学校和研究的设置也都同归于毁灭。若不是我们从事学术工作的人们持续了坚苦卓绝的精神，去做营救和补充，必将使敌寇实现他们的卑污的狡计而有余……

我们要求：敌寇应该以其残存的学术文化的设备，及其所有的图书和仪器，来补偿我们的损失。至于掠夺我们的古籍珍本和一些有历史价值的书籍，尤应勒令他们把原物归还。我们必须拿这些来补偿他们所造成的罪孽。

这表达了中国学者的正义要求，要求对日本侵略者惩处，它是非常合理的。然而自来以儒家怀柔为对外政策的执政者们，似乎根本未考虑到向侵略者的索赔，尤其是关于学术界损失的赔偿。我们摘抄了这一段文字，是为了让我们不忘记日本侵略战争给中国学者造成的苦难。《文史杂志》是抗日战争时期最有影响的较为通俗的国学刊物，它在重庆的刊行正表明这里已是国学运动的中心了。

抗战时期著名学者侯外庐在重庆参加了文化工作委员会的工作，同时在重庆郊区高校讲授中国古代思想史。这是他在学术上丰收的季节。他与纪玄冰合著了巨著《中国思想通史》，并完成了《中国古代思想学说史》的写作。我有幸获得《中国古代思想学说史》的初版本，它是1944年6月由重庆文风书局渝版印行的。著者于1942年11月25日于重庆郊外写成，是在讲授稿"中国思想史古代编大纲"的基础上扩充而成的，但在体裁方面却是注重研究，不同于一般的讲义。侯外庐在《自序》里说：

> 过去研究中国思想史者有许多缺点，有因爱好某一学派而个人是非其间者，有以古人名词术语而附会于现代科学为能事者，有以思想形式之接近而比拟西欧学说，从而夸张中国文化者，有以历史发展的社会成分，轻易为古人描画脸谱者，有以研究重点不同，以其一偏而概论全般思想发展的脉络者，有以主观主张而托古为重言者，凡此皆失科学研究的态度。我们要批判地接受中国文化古代的优良传统，却未能犯此一道。本书自信没有此种积习。
>
> 著者认为上面的研究态度，有之固足以影响科学的研究，但无之亦不能必谓即可阐微决疑，主要尚在真理的钻研是否科学：社会历史的演进与社会思想的发展，关系何在？人类的新旧范畴与思想的具体变革，结合何存？人类思想自身的过程与一时代学说的个别形成，环链何系？学派同化与学派批判相反相成，其间吸收排斥，脉络何分？学说理想与思想术语，表面恒常掩蔽着内容，其间主观客观，背向何定？方法论犹剪尺，世界观犹灯塔，现实的裁成与远景的仰慕恒常相为矛盾，其间何者从属而何者主导，何以为断？凡此，尤为研究学人所宜把握，紧密而严肃者犹恐失之误解。

研究中国古代思想史的第一步，当以文献学为基础，作者的时代，著书的真伪，文字的考证，材料的头绪，皆专门学问，清代学者于此成就虽宏，而慎以取舍颇为难题，若稍不慎，即张冠李戴。

这提出了研究中国古代思想的态度怎样才是科学的，在方法论上怎样处理思想学说发展的内部的各种关系，怎样处理方法论与世界观的关系。侯外庐虽然对这些问题没有作出肯定的回答，却启发我们研究古代思想学说时应避免的一些在态度与方法上易于发生的错误，从而使研究更具有科学性。他所说的研究古代思想学说当以文献学为基础，这是治思想史学者们较为忽略的。关于作者的时代，著书的真伪，文字的考证，材料的头绪，这些"专门学问"实即国学，它是某学科研究的基础。侯外庐的这部著作的显著特点是"注重研究"的，而且具有深厚的国学基础。

在重庆时郭沫若关于屈原的研究和文艺创作在社会上产生了很大影响，确定了屈原是中国伟大的爱国诗人的历史地位。当时对屈原的评价是有争议的，侯外庐参加了此次的讨论。《中国古代思想学说史》中附录了他论屈原思想的两篇论文。侯外庐认为屈原具有复古的思想，与社会的变革不相适应而产生悲剧。他说：

我们要了解屈原思想的第一个秘密，在我看来，在于明白他的矛盾思维。这一秘密，是归结到他的世界观和方法论之间的矛盾。沫若先生曾大书"民国十六年六月二日跳水淹死了的王国维"发现"该秉季德"的贡献，这位中国古典学术权威的王观堂，也就是中国帝制支持的王忠悫公，好像是两个人似的,最能引起我们的奇迹观念,然而这正是一个历史变革时代底逻辑,他的错误的世界观,是在暴风雨时代(北伐)和他的科学态度发生了巨烈的冲激,他在二者之间不愿意放弃他的"忠实",他也同时在时代的大波涛里解答不出自我的批判(高扬),他投水了。这一悲剧意义,在历史上是有很多例证的。

屈原是在端午投水的,王国维是在端午前夕投水的。他们的悲剧在侯外庐看来都是世界观与方法论的矛盾所致。王国维是国学大师,他的深刻的人生悲剧是国学家们应引以为教训的:学术怎样转化为信仰,怎样处理好学术思想与政治思想的关系。侯外庐参加关于屈原的讨论,反映了当时学术的自由与活跃。

1938年12月至1946年5月,郭沫若在重庆期间动员抗日力量,团结进步人士和文艺工作者开展救亡工作,激发了创作热情,这一时期是他国学研究的丰硕时期。

郭沫若原名开贞,号鼎堂,1892年生于四川乐山观峨乡沙湾镇。郭沫若的一生主要从事革命文化活动,却又因命运的偶然与学术的追求,在特殊的环境里沉潜地进行学术研究。1928年2月流亡到日本后的十年间,他利用新的资料,采取科学的方法研究甲骨文和金文,著有《中国古代社会研究》《甲骨文研究》《殷周青铜器铭文研究》《金文丛考》《两周金文辞大系考释》等著述,为后来深入研究中国古代社会思想做好了准备,预示着一代学术的新开拓。自1942年至1945年,郭沫若发表了近二十篇关于中国古代学术思想的考证与批判的论文,最后结集为《青铜时代》与

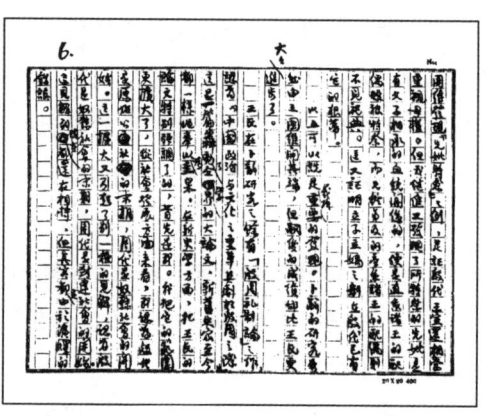

《古代研究的自我批判》手稿之一页

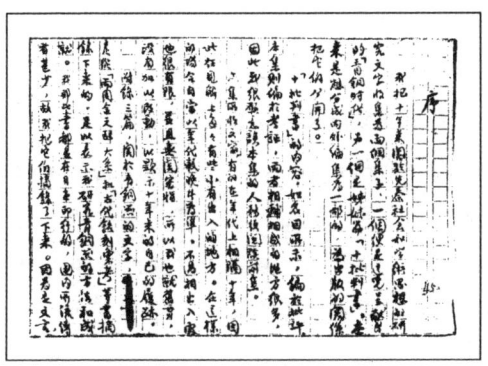

《青铜时代·序》手稿之一页

《十批判书》，于1945年分别由重庆群益出版社和文治出版社出版，使其关于中国古代社会的研究得以圆满完成，标志其学术事业臻于巅峰。他的三大史学巨著——《中国古代社会研究》《青铜时代》和《十批判书》，构成一个完整的系统，成功地运用了马克思主义唯物史观以探讨中国古代社会性质，以人民的价值标准对古代思想进行清算，而在方法上则是理论批评与传统的考据相结合，在主要方面具有国学研究的倾向。他在《我怎样写〈青铜时代〉和〈十批判书〉》里说：

> 历史研究的兴趣，不仅在我一个人重新抬起了头来，同一倾向近年来显然地又成了风气。以新史学的立场所写出的古代史或学说思想史之类，不断地有鸿篇巨制的出现。这些朋友们的努力，对于我不用说又是一番鼓励。我们的方法虽然彼此接近，而我们的见解或所得到的结论有时却不一定相同。我不否认，我也是受到刺激。我的近两三年的关于周秦诸子的研究，假使没有这样的刺激或鼓励，恐怕也是写不出来的。

史学界由顾颉刚开创的古史辨和由傅斯年开创的历史语言学派都是国学运动中的流派，他们都提倡科学的考证方法研究中国的史料。正是在这种新的风气下，郭沫若受到了刺激，产生了灵感，发表了新的创见，以实证性和批判性震撼了中国学术界。

关于怎样治国学的问题，胡适在1919年发表的《新思潮的意义》里提出了一种建设性的意见——"整理国故"，具体步骤是：条理系统的整理，寻求每一种学术思想的历史线索，用科学方法对文献做精确的考证，弄清各家学术的面目。1923年胡适在《北京大学〈国学季刊〉发刊宣言》里主张扩大国学研究范围，就国故的系统整理工作提出三方面意见，即编制索引，对古籍的汇编集注，编著各种学科的专史。整理国故是为了再造中华文明，必将有助于建设新文化。在胡适的大力提倡之下得到学术界的响应，于是整理国故的运动展开了。郭沫若当时也是新文化运动的重要人物，他迅即于1924年1月发表《整理国故的评价》，提出了异议。关于"整理国故的流风"，他认为上到名人教授，下至中小学生皆以"整理"相号召，竟向中学生也讲演整理国故，似乎研究国学是人生的第一要事。国学家们超越了自己的范围，扰乱了别人的业务，夸大了国学的价值，无此必要。关于整理国故的价值，他以为不可估之过高，因为"一般经史子集的整理充其量只是一种报告，是一种旧价值的重新估价，并不是一种新价值的创造。它在一个时代的文化进展上，所效的贡献殊属微末"。我们现在重温郭沫若的意见，可以见到国学在现代学术中的合理位置，不宜过分夸大它在现代社会中的意义。关于整理国故的价值，郭沫若最后谈道：

> 我们常常向朋友们谈笑话，说我们应该努力做出些杰作出来，供百年后的考证家考证——这并不是蔑视考据家或国学研究家的尊严，实在国学研究或考据、考证的价值原是只有这样。它只是既成价值的估评，并不是新生价值的创造。

国学研究是否存在"新生价值的创造"，对此郭沫若尚未从民族文化的学术高度来认识，然而从其所述里将"考据家"和"国学研究家",将"国学研究"和"考据"等同,这暗示了国学研究即是考据。在中国传统学术里它是一门独特的学问。

1929年郭沫若在日本从事学术研究,对于整理国故有了新的见解。他在《中国古代社会研究自序》里,对于胡适关于中国古代哲学的研究,以为全部都有重新批判的必要:

> 我们的"批判"有异于他们的"整理"。"整理"的究极目标是在"实事求是",我们的"批判"精神是要在"实事之中求其所以是"。
>
> "整理"的方法所能做到的是"知其然",我们的"批判"精神是要"知其所以然"。
>
> "整理"自是"批判"过程所必经的一步,然而它不能成为我们应该局限的一步。

胡适和郭沫若都是从较宽泛的意义来理解"整理"的。郭沫若不满足于一般的整理,更倾向于对传统文化的批判,力图在国学研究中引入批判精神。这里他混淆了事实的考证和理论的研究两个学术层面。国学研究即是用传统的考证方法以解决中国文献与历史的若干细小的疑难的学术问题;它提供关于中国学术研究真实而可靠的依据,限于事实的层面,然而它又非仅仅是"既成价值的估评",它的成果具有新的很高的学术意义。国学研究是存在局限的,它不可能对中国传统文化做全面的本质的判断。因此郭沫若主张"要跳出'国学'的范围",这样才可能认清中国文化的真相,于是必须进行"清算"与"批判"。郭沫若的学术追求大大超越了国学范围,但谈到研究中国的学问时非常强调它的特殊性：

> 不是说研究中国的学问，应由中国人一手包办。事实是中国的史料，中国的文字，中国人的传统生活，只有中国人自身才能更贴切地接近……外国学者对于东方情形不甚明瞭，那是情理中事。中国的鼓睛暴眼的文字实在比穿山甲、比猬毛还要难于接近的逆鳞。外国学者的不谈，那是他们的矜慎；谈者只能依据旧有的史料，旧有的解释，所以结果便可能与实际全不相符。在这时中国人应该自己起来写这半部世界文化史上的白页。

关于中国的学问中，只有那些文献与历史上细小的困难的考证性的学术问题——国学研究的问题，是外国汉学家甚感无能为力的，这有赖于中国学者自己解决。如果我们在此意义上来理解郭沫若这段文字，则最能表明国学研究的性质与价值。国学运动中读经与反读经成为新旧思想论争的重点。1943年5月郭沫若发表专文《论读经》，他认为："中国古代总是必须研究的，儒家的经典正是研究古代的一部重要的资料，这无论怎样是值得读。"古代儒者及统治者将儒家经典视为神圣，以为是治国平天下的工具、伦理的原则、人生的真理，因而长期作为统治思想的理论依据。郭沫若只把它作为史料，在研究古代社会时仅仅具有史料的价值。这应是学术思想史上的一个大进步，有助于解放思想，破除旧的传统观念。郭沫若表示并不反对读经，但并不希望没有文化修养的、没有研究古代社会的、没有各种科学知识的知识青年去读经，因为他们没有读经的资格。他特别希望那些提倡读经的先生们认真地去读。在读经的问题上,郭沫若表现了较客观求实的态度,并坚持了先进的文化观念,很含蓄地给予国粹主义者们提倡在社会和中小学校普遍读经以一种有力的批评,使国学研究脱离儒家经典束缚而成为真正的学术。

在郭沫若的观念中,国学研究即是考据,而且以为它是属于解决史料的问题,因此仅是史学研究的基础。他的史学研究之所以取得卓越的成就是有坚实的国学基础的,由此形成其史学的独特个性。在重庆时期,郭沫若发表的重要论文有《殷周是奴隶社会考》《关于古代社会研究答客难》《陕西新出土器铭考释》《墨子的思想》《秦楚之际的儒者》《述吴起》《公孙尼子与其音乐理论》《吕不韦与秦王政的批判》《韩非子批判》《甲申三百年祭》《古代研究的自我批判》《孔墨的批判》《宋钘尹文遗著考》《儒家八派的检讨》《稷下黄老学派的批判》《名辨思潮批判》。他在考证文章里有批判,在批判文章中融入考证性的论辩。研究古代社会让人最感困难的是资料的真伪问题。中国先秦典籍里往往将神话传说与历史混淆,对典籍的辨伪以求历史真相,这是从1926年顾颉刚主编《古史辨》开始的,由此形成了疑古的思潮,标志着新史学的诞生。郭沫若对古史辨派是持肯定态度的,他在《中国古代社会研究》里说:"顾颉刚的'层累地造成的古史',的确是个卓识……他所提出的夏禹问题,在前曾哄传一时,我当时耳食之余,还曾加以讥笑。到现在自己研究了一番过来觉得他的识见是有先见之明。在现在新的史料尚未充足之前,他的论辩自然并未成为定论,不过在旧史料中凡作伪之点大体是被他道破了。"根据顾颉刚的考证,古籍中记载的大禹属于神话传说时代,这样古代的"三皇"——伏羲、神农、黄帝,"五帝"——黄帝、颛顼、帝喾、尧、舜，更是属于早期的传说了，他们都不是中国历史的起点。郭沫若认为殷代是中国历史的开幕时期，但是他说："照我的考察是：（一）殷周之前中国当得有先住民族存在，（二）此先住民族当得是夏民族，（三）禹当得是夏民族传说中的神人，（四）此夏民族与古匈奴族当有密切的关系。"抗日战争时期，郭沫若再次强调了辨伪工作的意义，他在《古代研究的自我批判》里说："关于文献上的辨伪工作，自前清乾嘉学派以至最近的古史辨派，做得虽然相当透，但不能说已经做到了毫无问题的止境。而时代性的研究差不多是到近十五年来才开始的。"郭沫若的辨伪主要是关于先秦典籍时代性的考辨，例如关于《尚书》，他以推理的方式断定《尧典》《皋陶谟》《禹贡》三篇完全是"托古改制"的伪作；《商书》和《周书》是经过殷周的太史和后世的儒者粉饰的。关于《周易》的时代，他认为是春秋后期孔子的再传弟子所作。郭沫若对先秦典籍的辨伪是形成他关于中国古代社会历史观念的基础。考据是最重视证据的，胡适治国学提倡继承清代乾嘉的考据学，认为它是科学的方法。他在《治学的方法与材料》里解释说："科学的方法，说来其实很简单，只不过'尊重事实，尊重证据'。在应用上，科学的方法只不过'大胆的假设，小心的求证'。"胡适用这种方法研究中国古典小说取得了前所未有的成就，但对某些考证问题又存在失误。1922年胡适发表《读楚辞》，文中怀疑屈原的存在，他说："我现在不但要问屈原是什么人，并且要问屈原这个人有没有？"他的理由是：《史记》本来不很可靠，而《屈原贾生列传》尤其不可靠，《屈原传》叙事不明确，因此屈原只是南方民族神话故事里的一部分。在重庆时期郭沫若写历史剧时，完成了关于屈原的系列考证，其中专门考证了屈原的生平事迹和生卒年。他举出汉代初年贾谊的《吊屈原赋》和刘安的《离骚传》证实屈原的存在,又据《离骚》和《哀郢》提供的历史线索考证出了屈原的生卒年。郭沫若在《屈原考》里批评说:"胡适在中国学术界是有地位的,所以自他提出否定屈原的论调后,就有很多人响应他……胡适提倡的实验主义,主张用科学方法批判文化遗产是好的,但他所用的方法,并不科学。"后来在1951年郭沫若读到《学衡》第三十八期朱东润的《〈离骚〉以外的屈赋》,再次批评胡适的方法说:"朱先生的楚辞研究据我看是有两个'大胆假设'作为前提的。一个是胡适的假设,一个是朱先生的假设……他们的假设是他们的前提,同时也是他们的结论。先把新奇的结论假设出来,再来挖空心思找证据。这就是戴着有色眼镜看东西。"考据怎样才能更加科学呢?郭沫若指出"大胆假设"的弊病,确实很具灼见。科学研究中的假设,绝不是仅凭主观感觉便大胆提出的,它本身应是科学的假设。胡适关于屈原考证的错误在于尚未全面占有材料的情况下便"大胆假设"了,因而背离了科学方法。郭沫若关于科学考证方法的论述,概括起来有三点,即材料的辨伪,书外求证与书内求证,定位的综合考证。

我们为什么要去研究中国古代思想呢?这是专门从事文献与历史考证的国学家们颇难回答的问题,郭沫若以高瞻远瞩的学术眼光谈了自己的感受。他在《青铜时代后记》里说:

> 我是以一个史学家的立场来阐明各家学说的真相。我并不是以一个宣教师的态度企图传播任何教条。在现代要恢复古代的东西,无论所恢复的是那一家,事实上都是时代的错误。但人总是在发展的。在现代以前的历史时代,虽然都是

在黑暗中摸索，经过曲折纡回的路径，却也和蜗牛一样地在前进。因而古代学说也并不是全无可取。而可取的部分大率已溶汇在现代的进步思想里面了。

这对我们现在的国学研究犹有指导意义，不仅使我们可以认识传统与现代的关系，尤其警示我们不要再犯时代的错误。

我们从郭沫若的学术论著里可见：他是有坚实的国学基础的，力图使用国学研究的考证方法以探讨中国古代社会和古代思想问题，构成新的学术体系。郭沫若于抗日战争时期在重庆完成的学术论著不仅是对中国学术的巨大贡献，同时也推动了四川国学的新发展。

四 李庄留下的学术丰碑

四川有一个地图上找不到的很偏僻的小地方——李庄，它曾经是抗日战争时期国学研究的重地。李庄位于川南的岷江与大渡河的交汇处，被誉为长江第一镇。它在汉代属犍为郡僰道县，梁代属六同郡南广县，北周时南广县治所移至李庄镇，隋代改南广为南溪，唐末南溪县治所移至奋戎镇。李庄位于宜宾与南溪之间，与两地各相距五十华里，今划归宜宾。上海同济大学在抗战爆发后辗转迁移到西南的昆明，这里经常受到日本飞机的轰炸。1940年夏季，同济大学决定迁入四川，成立了迁址建校委员会，由周均时等十一人组成委员会，然而西迁入川的高校已经很多，一时难以选择到合适的地方。同济大学委托校友钱子宁代为选址，钱子宁到南溪县城考察，南溪县士绅深恐新文化风习的进入会给本地的文化带来破坏，表示拒绝。李庄的绅士罗伯希和王云伯闻知同济大学和中央研究院准备迁川的消息后，立即向国民党李庄区分部书记罗南陔汇报。罗南陔约请本镇名流贤达及袍哥首领范伯阶等会议商讨，他们认为国难当头，能够帮助学校与文化机构共渡难关，保存中华文化是一件义举，而且可以因此发展地方文化。他们为"支持抗战，欢迎南迁"做好舆论准备，由罗南陔派人前

2006年作者在李庄历史语言研究所故址

李庄板栗坳张家大院牌坊头

往南溪县与钱子宁见面，同时向行政部、教育部和同济大学发出电函："同大迁川，李庄欢迎。一切需要，地方供应。"同济大学派理学院院长王葆仁等前往李庄考察，在昆明的中央研究院派芮逸夫随同前往李庄。同济大学于1941年3月迁入李庄后，中央研究院历史语言研究所、社会科学研究所、体质人类学研究所，中央博物院筹备处，中国营造学社，金陵大学文化研究所等陆续迁入李庄。这些学校和学术研究机构在李庄受到了当地士绅和民众的欢迎，他们提供了住所和场地，供给各种生活物资，国民政府还派部队守卫以保护师生和学者们的安全。李庄这一带属于川南浅丘陵区，雨水和阳光充足，青山绿水，物产丰富，是日寇飞机找不到的地方，犹如世外桃源，足以让学生们和学者们安静地学习和研究。

中央研究院历史语言研究所迁于李庄西南数公里的山村——板栗坳张家大院。院居板栗峰山下的浅台地，坐南朝北，是一个庞大错落的建筑群。院门是石牌坊，高大宏伟。院前是一片田野，青山绿水，环境清幽。中国社会史家何兹全于1997年写的回忆录《爱国一书生》里记述了在板栗坳的生活：

> 史语所说是在李庄，实则还在李庄山上一个叫着"板栗坳"的地方。下船雇了滑竿，良玉抱着芳川坐上滑竿，我和晓梅跟着走。多年不见，一路说笑，逆着江流方向向上，平地一段路，上山，最高处有一棵大皂角树。这是行人休息一下的地方。然后就是高高下下弯弯曲曲的平路，不远就到了板栗坳了。

史语所用的是一家大乡绅的房院。房舍的布局是环着一个小山头建造的，从进口处顺序排列有：田边上、柴门口、牌坊头、戏楼院。田边上斜对面有桂花院，戏楼院顺小路再往前走还有一个茶花院。田边上是图书馆，也有几个研究室，我就在那里，和胡庆钧同志一个屋。牌坊头是主房，史语所只占用了前院，后院厅房和配房仍由原主人住。柴门口是眷属宿舍，芮逸夫、劳榦、岑仲勉、董同龢等有家属的都住在这里。傅先生（斯年）住桂花院，董作宾先生住牌坊头。

　　柴门口是个长方形四合院，劳榦等四家分住主房，我和岑仲勉先生、董同龢住对面，芮逸夫家住右首偏房。我们的房是两层楼，顺坡造的，楼比院子略高，有木板搭在房门和院子里梯田式的墙上，楼下有台阶上院子里来。楼上住人，楼下做饭。

　　山上没有电灯，点燃两根灯草的桐油灯。天一黑，院门一关，房门一关，满院寂静，宇宙间都是寂静的。有时候也聚到一家房里聊天，劳贞一（榦）家的房子大些，一般是聚在他家。男男女女一屋子，海阔天空，小则家常，大则国事，无所不谈。我们没有广播，报纸是十天半月前的，很少人去看，山外的天下大事，靠每天从山下来的代买菜的人把听到的广播带给我们几条。别小看这几条消息，秀才们有时抓住一条就纷纷热烈发言，讨论半天。

　　我房子后面有棵大树，树上有一窝猫头鹰，我们不知道。头一天到，次早猫头鹰叫。我们被惊醒了。在我们家乡，猫头鹰在谁家叫，不祥。我们没有思想准备，心里很乱。哪知以后它天天都叫，也习以为常了。在李庄住的两年，是我们

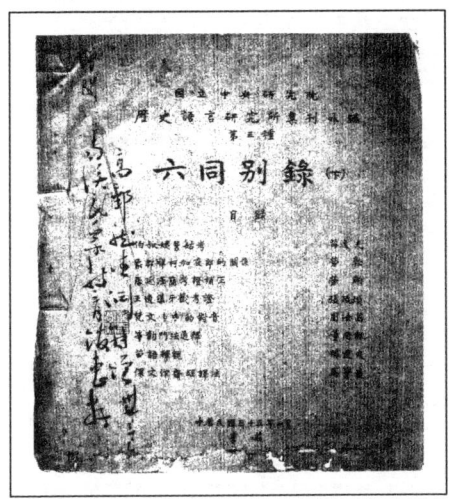

《六同别录》书影

用--個火鍋,受一個和她常發生性生活關係的男子的保護。一個喙寨裡由若干個這樣
精舍的集團組成。要在氏族組織中找索敬,大概已經很迥或難像現代所謂的家族;
不過它的存在不像氏族組織的顯著。正如自漢來以來,中國社會蕃滋組織的重心已移至
大家族組織,而氏族組織因至今皆存,但不及大家族的顯著。滇萃組織中的家族,
大抵以一家之觀聚食寢息的火塘為單位,(註一四二)氏族組織中的家族,則以男皆女
樣的生產條件為基礎;大都屬於小家族的組織。這應屬於家族及氏族制度的研究範
圍,非本文所能群。第三,還有一點,本文論親屬稱謂制,只分行輩,二分合併,
二分旁系,直系四型;這只是由上推的一般曾祖父母輩作的大分類。如果再由平輩親
屬,及下推的一畫卑親,或更由上推的二殷曾親,及下推的二殷卑親者觀,則每
一型又可分為許多型。然此,非等到世界各族的稱謂都有相當群盡的調查材料,決
不能作那種群細分類的嘗試。所以本文也只就大分類立論,各型稱謂制在細節上的
差異,不屬討論的範圍。

總括本節所論,我們的結論是:

中國親屬稱謂制最初可能是行輩型,似乎和初民的喙草組織育關;其次演變而
為二分合併型,大概和外婚的氏族組織育關;再次演變而為二分旁系型;顯然和大
家族組織育關;將來也許有演變囘為直系型的趨勢,或者和小家族組織的趨勢育
關。

三十四年五月十八日初稿,八月十五日,在懌悉日本無條
件投降消息之夕次定稿;時在四川南溪李莊犯臺本所。

後 記

本文初稿寫成後,曾在本所學術講論會連續報次,多承諸位同仁指教;惟因時
間不足,未盡敬言。改定後又承李濟之先生審正,高曉梅,屈翼鵬,于遯總三兄群
為校閱,並多匡正;作者誰以至誠,表示謝忱。在現代參考文獻中,總苦於見過趙
先生的中國親屬稱謂制一文者忽多,(雖然弔先生的見解和作者略有不同之處)亦
應誌謝。

一生生活得最安详的一段。猫头鹰带来的不是不祥,而是幸福安详。

　　柴门口前有条蜿蜒小路,是从山里通向李庄的大道。每逢三、六、九或初一、十五李庄有集市,是农民的交易处所,卖柴、卖菜、卖鸡蛋等的农民都来赶集。每逢集市之日,柴门口的各家太太们都到院前小路旁等着买点青菜、鸡蛋之类……李庄是战时长江上游的一个文化区。李庄街里有梁思成主持的营造学社,有同济大学,离李庄不远有中央研究院的社会学研究所。平时边远荒僻的小镇,一时汇集了这么多学术文化机关,还有学生众多的同济大学,一下使李庄出了名,也空前地热闹起来……李庄几年的生活,真是"日出而作,日入而息,帝力于我何有哉"!无日机轰炸之乱耳,也无党争、腐败之刺心。安定,安静,安适;读书,休息,睡大觉。山前山后,田埂林边走走,偷闲学少年!

　　中央研究院历史语言研究所的学者们,终于在李庄找到了一个学术的避难所。他们在这里安静地从事学术研究工作五年,直到抗战胜利后的1946年6月才离开李庄。

　　中央研究院是全国最高学术机构,于1927年11月在南京成立,以大学院院长蔡元培为院长。抗日战争爆发后,上海于1937年11月12日为日军占领,中央研究院奉命西迁,院总办事处于1938年2月16日迁至重庆。中央研究院历史语言研究所于1941年夏从昆明迁至李庄板栗坳。所长傅斯年兼任研究院总干事之职,负责研究院西迁的任务。历史语言研究所的工作是:史学及文献考订，语言学研究，人类学研究，考古学研究。在国难时期中央研究院的存在标志着中国最高学术研究机构的存在，而历史语言研究所的存在即标志着有一批学者和国学家们不为战争的残酷和环境的艰苦所困扰，仍潜心地从事学术研究。史语所在李庄的五年间，学术成果不断涌现，研究队伍不断壮大，这是得到了国民政府、地方政府、李庄士绅和民众的大力支持而完成了一种伟大的学术使命。国立中央研究院《历史语言研究所集刊》创办于1928年，它刊载所内外学术研究成果。抗日战争爆发后出版情况已不正常，至1949年共出版二十本，自第十本开始陆续刊载在李庄的学术研究成果。抗战胜利后，1946年史语所将要离开李庄时用线装石印了《六同别录》，共收入论文二十七篇，分装三册，作为对在李庄（古代的六同）治学的一种纪念。史语所迁回南京后继续出版集刊，因《六同别录》印数极少，流传不广，故于集刊第十三、十四、十五册内分别将论文重新刊出。此外有的论文还在后来集刊的各册不断发表。《历史语言研究所集刊》是大型学术刊物，它的主要论文是属于史学与文献考订的，实即国学研究论文。有的作者在论文的末尾署有写作的时间和地点，为我们留下了他们在李庄的历史迹印，现在看来这些论文已具有非常珍贵的历史价值了。兹谨择要录出：

《中古自然经济》　全汉升　中华民国卅年十一月廿四日四川南溪李庄板栗坳。

《论〈诗经〉中的"何""曷""胡"》　丁声树　三十一年三月一日初稿　三月十日改定。

《宋史职官志考正》　邓广铭　三十年九月八日于四川南

溪板栗坳。

《讲史与咏史诗》 张政烺 卅一年九月廿日。

《天山南路元代设驿之今地》 岑仲勉 三十一年三月下旬南溪板栗坳。

——《集刊》十本1948年

《补唐代翰林两记》 岑仲勉 时民国三十一年小暑。

《唐宋时代扬州经济景况的繁华与衰落》 全汉升 民国二十九年十二月初稿,三十一年一月改修毕。

《跋高句丽大兄冉牟墓志兼论高句丽都城之位置》 劳榦
  附记:作此篇时三儿延恺方在病中,一日赴研究所工作,及归而殇。附以志悼。二十九年七月。

《宋金间的走私贸易》 全汉升 民国二十八年初稿,三十一年十月重写于重庆。

《南宋初年的物价大变动》 全汉升 民国二十八年夏,脱稿于昆明,三十一年夏重写于重庆。

《谶纬溯原上》 陈槃 民国三十一年十月六日脱稿。时流寓西川南溪李庄之栗峰。

《谶纬释名》 陈槃 三十一年十月八日记于山院。

——《集刊》十一本,1943年

《读明史朝鲜传》 王崇武 民国三十一年八月三十一日脱稿,时寓居南溪李庄。

《旧唐书逸文辨》 岑仲勉 中华民国三十一年五月,国家总动员日写讫,越二日成篇。

《"回回"一词之语原》 岑仲勉 右引文件公布于抗战军兴之后,尚未为学者注意,爰揭出之。三十一年双十节前二日记于四川南溪。

《从文苑英华中书翰林制诏两门所收白氏文论白集》　岑仲勉　民国三十一年七月下旬仲勉识于板栗凼张氏新房。

——《集刊》十二本，1943年

《广韵重组研究》　周法高　民国三十年初稿于昆明，三十三年重订付梓于李庄。

《奭字说》　张政烺　中华民国三十一年春作，三十三年岁杪手录上石，研冻指殭，目昏意倦，几不成字。视月书舍校讫记。

《臼不踞解》　屈万里　三十四年七月二十一日初稿，十月二十三日写讫。时寓南溪李庄。

《谥法滥觞于殷代论》　屈万里　民国三十四年十一月八日记于四川南溪李庄。时日寇投降，已逾两月，方将漫卷诗书，作出峡计也。

《汉诗别录》　逯钦立　中华民国三十四年八月草于西川南溪之栗峰。

——《集刊》十三本，1948年

《评汉以前古镜之研究兼论"淮式"之时代问题》　高去寻　三十五年一月高去寻附识于南溪李庄。

《刘键征东考》　王崇武　民国三十三年七月十四日脱稿于四川南溪李庄。

《伯叔姨舅姑考》　芮逸夫　三十四年五月十八日初稿，八月十五日在获闻日本无条件投降消息之夕改定稿。时在四川南溪李庄栗峰本所。

《倮文作斋经译注》　马学良　三十四年秋记于四川南溪

李庄栗峰。

——《集刊》十四本，1949 年

《汉代的纸币》　全汉升　三十二年二月二十六日，李庄栗峰。

《玉溪生年谱会笺平质》　岑仲勉　仲勉识于南溪。

——《集刊》十五本，1948 年

《秦汉间之所谓"符应"论略》　陈槃　民国三十二年二月五日脱稿于李庄栗峰，第二年之九月于南京本所增订毕。

《茆泮林〈庄子司马彪注考逸〉补正》　王叔岷　三十二年仲冬脱稿于四川李庄之栗峰。

《释甥之称谓》　芮逸夫　三十五年三月十五日初草，时在四川南溪李庄栗峰。三十六年二月二十五日修正稿，在南京鸡鸣寺路本所。

《辽史复文举例》　傅乐焕　民国三十四年十二月十五日南溪李庄。

《李如松东征考》　王崇武　民国三十三年九月二日脱稿，十月钞定。

——《集刊》十六本，1947 年

《战国秦汉间方士考论》　陈槃　三十五年三月三十日脱稿于李庄栗峰。三十六年十月八日于南京本所增订毕。

《明成祖朝鲜选妃考》　王崇武　中华民国三十三年二月六日记于四川南溪李庄。

——《集刊》十七本，1948 年

《北魏尚书制度考》　严耕望　民国三十五年三月二十五日桐城严耕望写于南溪栗峰山庄，时新婚五旬又五日。

《述酒诗题注释疑》 逯钦立 民国三十三年八月下旬重订于西川之栗峰。

——《集刊》十八本，1948年

《周易参同契考》 王明 三十二年一月写于四川南溪李庄板栗坳。

——《集刊》十九本，1948年

《陶渊明年谱稿》 逯钦立 民国三十四年夏写于西川之栗峰。

《董文骥与明史纪事本末》 王崇武 民国三十一年十月二十六日脱稿，时客南溪李庄板栗坳。

——《集刊》二十本，1949年

以上的论文都留下了在李庄的迹印。学者们是在爱子夭折之日，或国家发出抗日总动员之时，或是在双十节国庆，或是在新婚不久，或在得知抗战胜利消息之际，或在即将离开李庄的前夕写成这些论文的。这些零散简短的线索，不仅透露了作者的某些现实情绪，还隐含着强烈的时代精神，使学术文章染上时代的色彩。这些论文是纯学术的，远离了社会现实，但除了文末附记现实时地而外，我们还可在全汉升的《北宋物价的变动》的概说里间接见到表述物价的变动对普通民众的生活影响的议论：

物价一涨一落的变动，对于人民经济生活有很密切的关系。物价上升时，出卖商品的商人，生产商品的农民和工业者，莫不喜气扬扬，因为这是他们发财的机会。同样，随物价上涨而工资不涨的不固定收入者可要困难了，因为物价的上升，足以迫使他们降低原来的生活程度，以致过去能够享用的物品，以后不能享用，或须大量的减少。反之如果物价下降，在一般消费者和固定收入者看来，这是最好不过的现象，因为他们可以趁着这个价廉物美的机会，买到许多物价上涨时所不能够买的物品，在日常生活上自然要宽裕得多了。至于运销商品的商人，生产商品的农民和工业者，当物价低落的时候，不特无利可图，有时甚至要亏本，可要愁眉不展了。物价升降既然给予人民经济生活以这样深刻的影响，它在经济史上的重要性是不应被忽略的。

物价的上升直接影响到人民的经济生活，这是作者考察北宋物价变动所要讨论的问题。抗日战争时期国内钞票贬值，物资匮乏，物价飞涨，这种现象在四川最为明显。当我们读了全汉升的文章后，自然会联系到作者对当时物价飞涨的现实是有许多感慨的。学者们探讨中国文献与历史的某些细小的考证性的学术问题，它们究竟与现实有无联系，有着怎样的联系，这是隐微而模糊的，只有在很高的文化层次上才可能理解的。《历史语言研究所集刊》自1928年创刊以来迄于1949年共出版了二十册，这大型的连续出版刊物是纯学术的高水平的，它如同这个研究所一样具有十分突出的学术特色，包括在李庄所完成的论文皆是如此，在中国学术界形成了历史语言研究学派。

中国历史语言学派（简称史语学派）的创始人是国立中央研究院历史语言研究所所长傅斯年。1896年傅斯年出生于山东聊城，父亲傅旭安是清代举人。傅斯年幼承家学，十一岁时已读完

《十三经》。1909年春考入天津府立中学堂，1913年考入国立北京大学预科，三年后升入文本科国学门。1919年考取山东省官费留学，赴英国爱丁堡，继入伦敦大学研究实验心理学及生理学，兼治数学。1923年夏从英国赴德国柏林大学哲学院研究，1926年冬应国立中山大学之聘归国，次年任中山大学教授兼国文、历史两系主任，继兼文学院长，创立历史语言研究所。1928年春，国立中央研究院院长蔡元培筹备历史语言研究所，11月9日国民政府公布国立中央研究院组织法，历史语言研究所正式成立，傅斯年以专任研究员兼所长。傅斯年著有《东北史纲》第一卷，《性命古训辩证》三卷，《古代中国与民族》和《古代文学史》等，发表论文百余篇。他主持历史语言研究所二十三年，直至1950年在台湾去世。他为研究所征聘和造就了大量人才，刊行专书七十余种，发表论文五百余篇，入藏图书四十余万册，为中国学术事业做出了巨大贡献。

1923年至1926年间傅斯年在德国柏林大学哲学院学习，深受德国历史语言考据学派——史学实证主义学派的影响。这派的创始者是德国史学家兰克（Leopold Ranke 1795—1886），他于1834—1871年任柏林大学教授，主要著作有《拉丁民族和日尔曼民族史》《十六和十七世纪的法国史》《十六和十七世纪的英国史》。欧洲自19世纪以来各专门学科的发展使原综合性的史学研究对象发生变化。兰克主张以严格的科学考证方法研究历史，通过对史料的考订反映历史的真实，因而历史学等同于史料学。兰克在《论十九世纪》里说：

在我看来，我们须在二个方向上努力：对历史事件中有效

傅斯年在李庄板栗坳的故居

因素的考察和对它们整体关系的理解。

  在精确之上求整体理解，永远是一个理想的目标，因为这要求对人类整体史有一个极其透彻的理解。一个单一细节的了解就要求我们作深刻的、富有穿透力的研究……没有精确的研究，整体的概念只能是一个幻想。

以科学的考证方法研究史料以求得对历史事实真确的了解，这种历史研究方法很快在西方史学界受到重视并发展为一个新的学派。英国史学家阿尔顿（1834—1902）在《历史研究讲演录》里宣扬兰克学派的观点说：

  对于我们的目的来说，应当学习的主要事情还不是如何搜集材料的艺术，而是调查材料，分辨真伪，由疑得信的那种更高的艺术。正是由于考据坚实，而不是由于学识广博，历史研究便强化了并扩展了我们心灵……考据家是这样一种人，当他触及一则有兴趣的材料时，他开始是怀疑它。只有把他的权威经过三道程序后他才发表意见。首先他要问，他读到的段落是否作者自己所写的……其次，他要问，作者是从哪里得到他的材料的……当事作者的性格，他的立场和先例，以及可能的动机，都必须加以考察。这种批评，与追根究底地探寻历史叙述的那种奴隶似的而且常常是机械性的工作相比，就可以称作是一种高级考据。

历史语言派主张的科学方法实即自然科学的实验方法。英国近代实证主义哲学流派主张将自然科学研究方法用于人文社会科学。国学运动中胡适和顾颉刚提倡的科学方法在渊源上都受西方实证主义思潮影响。傅斯年开创的中国历史语言学派是最能体现实证主义思潮的。胡适、顾颉刚和傅斯年都发现中国清代的考据学与西方的实证的科学方法在精神上是有许多共同之处,他们都力求寻找到二者的结合点,形成一种新的国学方法。傅斯年将这种新方法概括为历史语言学。在中国关于"历史语言"这一新概念,中央研究院院长蔡元培为《历史语言研究所集刊》(1928)作的发刊辞说:

> 人类当没有文字的时候,已有口口相传的故事与史歌,已不类他种动物鸣声的简单而含有历史的作用。发明文字以后,传抄印刷,语言日加复杂,可以助记忆力,而历史始能成立。
>
> 人类有这种特殊的语言,而因以产生历史,这也是人类在动物中特别进步的要点,而历史语言学,便是我们最有密切关系的科学。
>
> 语言学的研究,或偏于声音,或偏于语式,或为一区域,一种族,一时间的考证,或注重于各区域,各种族,各时期相互的关系;固不必皆属于历史,但一涉参互错综的痕迹,就与历史上事实相关。历史的研究,范围更为广大。不但有史以来,人类衣食住行的习惯,疾疫战争的变异,政教实业的嬗变,文哲科学艺术的进行,都是研究对象。而且有史以前的古物与遗迹,地质学上的化石,生物学上的进化成例,也不能不研究;固然不都是与语言学有关,而语言学的材料,与历史学的关系很多。所以我们把这两种科学,合设研究所,

觉得是很便利的。

这里,"语言"已具文献的意义,"历史"已是广义的,因此"历史语言研究"实即文献与历史的研究。傅斯年在《历史语言研究所集刊》第一本发表的《历史语言研究所工作之旨趣》里说:

> 历史学和语言学在欧洲都是很近才发达的。历史学不是著史;著史每多多少少带点古世中世的意味,且每取伦理家的手段,作文章家的本事。近代的历史学只是史料学,利用自然科学供给我们的一切工具,整理一切可逢着的史料……本来语言即是思想,一个民族的语言即是这个民族精神上的富有,所以语言学总是一个大题目,而直到现在语言学的成就也很能副这一个大题目。在历史学和语言学发达甚后的欧洲是如此,难道在这些学问发达甚早的中国,必须看着他荒废,我们不能制造别人的原料,便是自己的原料也让别人制造吗?

关于历史语言学,傅斯年认为它在中国是很发达的,从西汉司马迁传信存疑以鉴别史料,到北宋欧阳修著《集古录跋尾》开始研究直接史料,已具有近代史学的特点。司马光和刘攽、刘恕、范祖禹等著《资治通鉴》使用大量史料,考定旧记,凡与正史相异的地方都是详细考订的结果。清代顾炎武搜求直接的史料考订文史,阎若璩以实在地理考订古代记载和以比较方法辨正《古文尚书》之伪,他们成为辨正史料的典范,他们对历史语言学的态度是科学的。傅斯年总结了中国传统考据学的经验,提出了判断

集刊發刊辭

同是動物，爲什麼止有人類能不斷的進步，能創造文化？因爲人類有歷史，而別的動物沒有。因爲他們沒有歷史，不能把過去的經驗傳說下去，作爲一層層積累上去的基礎，所以不容易進步。例如蜂蟻的社會組織，不能不說是達到高等的程度；然而到了這箇程度，不見得永遠向上變化，這豈不是沒有歷史的緣故？

同是動物，爲什麼止有人類能創造歷史，而別的動物沒有？因爲人類有變化無窮的語言，而後來又有記錄語言的工具。動物的鳴聲本可以算是他們的語言；古人說介葛盧識牛鳴，公冶長通鳥語，驟然不是近代雖切的觀念；然而狗可以練習得聞人言而動，人可以因經驗了解猴的鼓聲之用意，這是現代的事實；但是他們的鳴聲既沒有可以記錄的工具，且又斷不是和人的語言有同等複雜的根基的，所以不能爲無窮的變化，不能作爲記錄無限經驗的工具，所以不能產生歷史。人類當沒有文字的時候，已有口指傳的故事與史蹟，已不類他種動物鳴聲的簡單而會有歷史的作用。<u>發明文字以後，傳抄印刷，語言日加複雜，可以助記憶力，而歷史始能成立。</u>

人類有這種特殊的語言，而因以產生歷史，這也是人類在動物中特別進步的要點，而語言學與歷史學，便是和我們最有密切關係的科學。

語言學的研究，或偏於聲音，或偏於語式，或爲一區域，一種族，一時期間的考證，或注重於各區域，各種族，各時期間相互的關係；固不必皆屬於歷史，但一涉參互錯綜的痕跡，就與歷史上事實相關。歷史的研究，範圍更廣大；不但有史以來，人類食衣住行的習慣，疾疫戰爭的變異，政教實業的遞變，文哲科學藝術的進行，都是研

歷史語言研究所工作之旨趣

歷史學和語言學在歐洲都是很近才發達的。歷史學不是著史；著史每多多少少帶點古世中世的意味，且取倚賴家的手段，作文家家的本事。近代的歷史學只是史料學，利用自然科學供給我們的一切工具，整理一切可逢着的史料，所以近代史學所達到的範域，自地質學以至日下新聞紙，而史學外的遺留文論正是歷史方法之大成。歐洲近代的語言學在梵文的發見影響了兩種古典語學以後繼降生，正當十八九世紀之交。經是謝大家的手，印度日耳曼系的語言學已經成了近代學問是光榮的成就之一個，別個如賽米的系，芬匈系，也都有相當的成就，即在印度支那語系也未有意味的撥擬。十九世紀下牛的人們又注意到這個和歐洲語言全不相同的語言，如黑人的話等等，「寡普之功」更大進步，或就了甚細密的實驗語音學，而一語裏面方言研究之發達，更使學者知道語言流變的因緣，所以從前比較音語學有不過是和動物植物分類學或比較解剖學在一列的，最近一世語言學所達到的地步，已經是生物發生學，環境學，生理學了。無論綜比的系族語學，如印度日耳曼族語學，等等，或各種的專語學，如日耳曼語學，芬蘭語學，伊斯蘭語學，等等，在現在郅成大觀。本來語言即是思想，一個民族的語言卽是這一個民族精神上的實有，所以語言學總是一個大題目，而直到現在的語言學的成就也很能副這一個大題目。在歷史學和語言學發達這樣的歐洲是如此，難道在這些學問發達甚早的中國，必須看着他荒廢，我們不能製造別人的原料，便是自己的原料也讓到人製造嗎？

論到語言學和歷史學在中國的發達是很引人尋思的。西歷紀元前兩世紀的司馬遷，能那樣子傳信存疑以到史料，能作八書，能排比列國的紀年，能有若干觀念比十九世紀的大名家還近代些。北宋的歐陽修一面修五代史，純料不是客觀的史學，一面却作集古錄，下手研究直接材料，是近代史學的真工夫。北南宋的人雖然有歐陽修的五代史，朱熹的綱目，是代表中世古世的思想的，但如馬光作遙鑑，「編閱舊史、勞探小說，」他勤勤懇懇范祖禹諸人都能利用無限的史料，玫定審記，凡通鑑和所謂正史不同的地方每多是詳細考定的結果，可惜長篇不存在，我們不得詳細看他們的方法学术价值的三项标准：一、凡能直接研究材料便进步，凡间接的研究前人所研究或前人所创造之系统，而不繁丰细密的参照所包含的事实，便退步；二、凡一种学问能扩张他所研究的材料便进步，不能，便退步；三、凡一种学问能扩充他做研究时应用的工具的则进步，不能的，便退步。这里非常强调对材料与事实的研究，原创性的研究和研究的方法。如果我们对历史语言研究对象与方法加以概括，它实为对中国文献与历史的问题以科学考证方法进行研究。这样它在性质上是国学研究了。傅斯年试图扩大"国学"的范围并反对"国故"的观念，提出建立"科学的东方学"，他说：

> 世界上无论那一种历史学或那一种语言学，要想做科学的研究，只得用同一的方法，所以这种学问断不以国别或逻辑的分别，不过是地域的方便或分工。国故本来就是国粹，不过说来客气一点儿，而所谓国学院也恐怕是一个改良的存古学堂。原来"国学""中国学"等等名词，说来都甚不详，西洋人造了支那学"新诺逻辑"一个名词，本是和埃及脱逻辑、亚西里亚逻辑同等看的，难道我们自己也要如此看吗？……为什么国学之下都仅仅是些言语历史民俗等等题目？且这名词还不通达，取所谓国学的大题目在语言学或历史学的范围中的而论，因为求这些题目之解决与推进，如我们上文所叙的，扩充材料，扩充工具，势必至于弄得不国了，或不故了，或且不国不故了。

所谓"国学"实即"中国学"，是对学术的地域性的区分。傅斯年的意见主要是在这种学问的名义之辨,他已很清楚地见到国学与历史语言学的研究题目是相同的;他所指责的是国粹学派的旧的研究方法,若以胡适与顾颉刚提倡的科学方法研究国学则与历史语言学的研究在实质上是一致的。关于历史语言学的研究,傅斯年主张重视材料,"一分材料出一分货",以科学的方法对材料和事实进行考证,反对普及的工作。这些宗旨都在其研究所里坚决地贯彻,并在《集刊》里体现出来。

历史语言研究所的学者们在李庄五年的生活是他们人生的重要经历,令他们难以忘怀。

岑仲勉于1885年出生于广东顺德县桂洲乡,幼年入私塾学习。1903年考入两广大学堂攻习经史及理学,受到乾嘉考据学的影响,志于史学。1908年入两广游学预备科,1912年转入北京高等专门税务学校,毕业后任财政、税务等小职员,以业余治史学。陈垣先生约请岑仲勉为《辅仁学志》撰稿,发表了《陈子昂及其文集之事迹》《汉书西域传康居校释》《新唐书突厥传疑注》等文。1937年初由于陈垣先生的推荐进入历史语言研究所工作,1941年研究所由昆明迁至南溪李庄板栗坳。岑仲勉在李庄刻苦治学,在唐代史事的研究和文献整理方面取得辉煌成就。唐代诗人白居易的诗文集《白氏长庆集》七十一卷,共三千六百余篇,传世的版本很多,它具有丰富的史料价值和文学价值,但其中后来补入的诗文存在真伪混淆的情况。岑仲勉因慕白居易的为人,遂对《白氏长庆集》做了深入的研究,所写的辨正论文有《论白氏长庆集源流并评东洋本白集》《白氏长庆集伪文》《补白集源流事证数则》《从文苑英华辨证校白集诗文附按》等七篇,共十余万字。此外关于唐代文献的研究有《翰林学士壁记注补》《补唐代翰林两记》《登科记考订补》《郎官石柱题名新著录》《元和姓纂所见唐左司郎官及三院御史》《唐方镇年表正补》等等,皆以文献考证的坚实见长。在《玉溪生年谱会笺平质》里,岑仲勉说:

> 余草此篇,不禁发生两种感想。
>
> 其一,史乘多误,人皆知之,然常有本来不误,而后人疏于领会,遂以不误为误者。晚近辨史之习,风起云涌,余不能脱俗,三思而后行,窃愿与今世考据家共勉之者也。
>
> 其二,史之为学,不外摹写实状,故必先明瞭古今之社会实况,然后可以论史。失句误解,以余涉猎,则古往今来著名之旧学家时或犯之,糟粕文言者更势在不免,离乎事实之外而欲求其通,难矣。故欲明瞭古前社会者,必须先了解古人文字,早挟成见(主观),复凭参悟(演绎),皆论史者所当懔戒。

他针对当时重史料考证的新史学思潮,提出了文献的整理与了解古人文字在治史中的重要性,反对凭主观与推论去治史。这正是岑仲勉治史的特点。关于这篇论文的写作,他在文末附记里说:

> 一九四二年九月中旬稿成,偶检得近人朱偰氏《李商隐诗新诠》一文(《武汉文哲季刊》六卷三号)所附《商隐年表》,无非据《张谱》(张采田《玉溪生年谱会笺》)简写,不必覆论。朱云:"惟张氏解诗,往往无意逆之,牵强附会,在

國立中央研究院

歷史語言研究所集刊

第十七本

目　錄

| 問答錄與說參請……………………………………張政烺 |
| 戰國秦漢間方士考論…………………………陳　槃 |
| 古讖緯書錄解題(三)……………………………陳　槃 |
| 古讖緯書錄解題附錄(二)………………………陳　槃 |
| 漢代察舉制度考………………………………勞　榦 |
| 說文序引尉律解………………………………張政烺 |
| 論萬曆征東島山之戰及明清薩爾滸之戰………王崇武 |
| 明成祖朝鮮選妃考………………………………王崇武 |
| 唐唐臨冥報記之復原……………………………岑仲勉 |
| 切韻指掌圖中幾個問題…………………………董同龢 |
| 阿保機卹位考辨…………………………………楊志玖 |
| 洪承疇背明始末…………………………………李光濤 |
| 記栗粟語音兼論所謂栗粟文……………………芮逸夫 |
| 碧羅雪山之栗粟族………………………………陶雲逵 |
| 魏晉的中軍………………………………………何茲全 |

商務印書館發行

中華民國三十七年出版

《历史语言研究所集刊》书影

在皆是,故其编年诗所列,多由曲解间接推之,未足为凭。"又云:"实则除诗题标明年代或实有事实可资证明外,编年诗颇不易为,宁阙无滥,斯为得耳。"所论确中张氏之失。顾同人于《无题》等数十首,又别掀一莫须有之狱,断为商隐与宫女言情之作,犹五十步笑百步耳。"宁阙无滥",窃愿释李诗者谨之。一九四二年十一月下旬仲勉再识于南溪。

晚唐李商隐诗是晦涩难解的,在附记里岑仲勉重申了解释李商隐无题诗的审慎态度。从这个事例可见文献与历史的考证,虽然作者们都使用文献资料力求对事实进行客观的考证,但考证的结果往往存在很大的差异,将问题弄得十分复杂与烦琐,同时也愈发显出学术研究的艰深。

王明是中国哲学史家,1911年出生于浙江乐清铧锹村农家。八岁入私塾,后到虹桥镇沙河高等小学学习。1926年考入温州省立第十中学,已注重自学,初步形成无神论思想。1931年由温州高中转入省立杭州高级中学,毕业后考入北京大学文学系。抗日战争爆发后北京大学迁昆明,与清华大学、南开大学组成西南联大,但三校是各自独立的。1939年暑期,北京大学文科研究所创办,所长由中央研究院历史语言研究所主持人傅斯年兼任。王明成为北京大学文科研究所首届研究生,毕业后分配到史语所工作。王明于1991年所著的自传里回忆在李庄的生活:

> 史语所已经从云南昆明迁到四川南溪县李庄镇板栗坳,是在一个小小的山坳里,租用张姓老式平房两座,有广阔的正厅,有厢房多间,很宽敞。秋季有桂子飘香,冬令有茶花

盛开。屋前是稻田,流水潺湲,一片油绿。屋旁翠竹丛生,随风摇曳。田园景色,历历在目。翻过山岭,即可俯瞰长江,滚滚东流,汽笛几声,自宜宾来的江轮顺流而下,靠近李庄码头,搭船即可到达战时陪都重庆。

1941年王明在北京大学文科研究所毕业,以编纂的《太平经合校》及撰著的长篇论文《太平经合校·导言》获硕士学位,在史语所里继续研究中国道家哲学,成为后来学术事业的光辉起点。王明回忆在李庄的研究工作:

  这是为了躲避敌机的空袭,才选定偏僻的山坳里为作息的地点,从南京搬出的图书很多箱,经海道至河内,入内地,运到昆明,住一个时期,又辗转运至四川长江上游的李庄镇卸下,最后安家落户,一路上图书落水几次,幸无多大的损失。我们深感图书资料是研究人员的重要工具和精神食粮,不可须臾离,当然要好好利用它。这时候,大学深居乡间山坳里,环境非常清静,无任何干扰,专心致志,进行研究。物质生活虽然艰苦,比如夜间点的是菜籽油灯,夏天蚊子很多,屋内地砖也很潮湿,吃的也很简单,然而精力集中,工作效率比较高。个人在这时读了不少道书,写了《周易参同契考证》《老子河上公章句考》等长篇论文。可是这种异常静止的研究方式,时间久了,好像修道院修道一般,与世隔绝,和当时抗日救亡的热潮甚不协调……投笔从戎吧,一时热情虽高,毕竟考虑很多,化为泡影。

> 前贤名言和本人治学箴言
>
> 多闻阙疑。
> 学而不思则罔，思而不学则殆。
> 日知其所亡，月无忘其所能。
> 为学须有锲而不舍的精神，业精于
> 勤荒于嬉，可不戒哉！
> 为学譬如逆水行舟，不进则退。进，须
> 下苦工夫；退，稍纵即逝。
> 治学也有个方向问题，要坚持社会主
> 义文明建设的方向。
> 为学不但要勤，还要方法对头。否则无
> 效，或事倍功半。
> 要坚持实事求是。
> 爱惜光阴，就是爱惜生命。生命的价
> 值在于奉献。
>
> 王明

王明晚年手迹

王明到历史语言研究所工作时正三十岁,在李庄有投笔从戎的愿望,这与沉潜的研究工作发生矛盾,但毕竟因客观形势而坚持走学术的道路了。这表明学者们并非在世外的桃源里忘却了民族危亡的现实。

元史研究专家杨志玖,山东淄博人,回族。1939年二十五岁时考入北京大学文科研究所。1941年夏季,杨志玖从《永乐大典》里发现了一则关于马可·波罗离开中国的史料,写成了《关于马可波罗离华的一段汉文记载》,寄给重庆的《文史杂志》,顾颉刚对此文评价很高。次年傅斯年将这篇文章推荐给中央研究院学术评议会,获得名誉奖。傅斯年又请"中央大学"教授何永佶将它译为英文,在1945年《哈佛大学亚洲学报》发表了摘要。杨志玖于1941年秋毕业后,傅斯年曾希望他到史语所工作,但他到南开大学历史系去了。1944年初傅斯年接到国民政府委托编写《中国边疆史》的任务,请杨志玖到史语所来参加编纂工作。不久,杨志玖接到了中央研究院聘请为史语所助理研究员的聘书,到了李庄。在李庄的两年半里,杨志玖完成了清代边疆变迁情况的写作任务,但他的专业是元史研究,先后完成了关于元史研究的论文有《阿保机郎经考辨》《新元史阿剌浅传正误》《元代中国之阿儿浑人》《元代回汉通婚举例》《回回一词的起源和演变》等,在元史研究方面有重大的学术性的突破。杨志玖的这些论文属于元史研究的范围,然而其正体现了历史语言学派的学术特点,即采用科学考证方法对史料进行细密的研究,而在性质上是最典型的国学研究论文。杨志玖共发表了五篇关于马可·波罗研究的论文,因解决了一个学术难题而在国内外产生了很大的影响。这项研究的起点是他 1941 年发表在《文史杂志》一卷十二期上的《关于马可波罗离华的一段汉文记载》。马可·波罗（1254—1324）出生于意大利威尼斯。其父亲尼可罗·马可和叔父马飞阿是富商。1271 年 11 月马可·波罗十七岁，随父亲和叔父第二次到中国。他们从地中海东岸阿迦城登陆，沿古代丝绸之路，于元代至元十二年（1275）到了中国的上都。这时马可·波罗二十一岁，深为元世祖忽必烈赏识。此后他在中国住了十七年，出任过元朝枢密副使，曾从长安旅游到江南各地，还担任过扬州总督。1298 年马可·波罗在意大利故乡监狱里口述在东方的经历，由狱友鲁思梯谦记录而成了世界名著《马可波罗游记》，其中保存了非常珍贵的史料。1492 年旅行家哥伦布就是从《马可波罗游记》受到启示，钦慕中国的富裕，要求西班牙国王支持他东航。他带着西班牙国王给中国皇帝的书信，前往中国，但偶然地到了美洲，发现了新大陆。马可·波罗在中国十七年，这是历史事实，然而遗憾的是：除了马可·波罗的自述而外，中国丰富的历史书籍中竟没有一件可供考证的材料。因此西方学者很久前就对《马可波罗游记》的真实性发生怀疑，甚至否定马可·波罗曾经到过中国。这个问题的确使中国的国学家——考据学家感到为难，苦于找不到一点材料来证实。杨志玖找到了一则材料，即《永乐大典》卷一万九千四百十八"站"字韵引元朝《经世大典·站赤门》载至元二十七年（1290）驿站公文：

[至元二十七年八月]十七日，尚书阿难答、都事别不花等奏：平章沙不丁上言："今年三月奉旨，遣兀鲁䚟、阿必失呵、火者取道马八儿，往阿鲁浑大王位下。同行一百六十人，

内九十人已支分例,余七十人,闻是诸王所赠遗及买得者,乞不给分例口粮。"奉旨,勿与之!

这段文字中提到的三位使者名字和马可·波罗所述的阿鲁浑的三位使臣的名字相同:兀鲁觯即 Oulatai,阿失必呵即 Apousca、火者即 Coja。他们和马可·波罗离开中国的事有密切关系。杨志玖经过参证其他中国史料,进行细致分析,最后得出结论:

我们所发现的这篇公文里所讲的三位使臣,其时已在泉州,预备由海道赴波斯。这就是马可所说的那三位请马可伴他们航海的波斯使者。中西记载在这一点上完全符合,可以证明马可波罗的话是真实的,他确实到过中国。所可惜者,中文这段记载没有提及马可波罗之名而已。

我们从这个例子可见国学研究的困难和它的学术意义。

国学运动发展过程中形成了两个重要的流派——古史辨派和历史语言学派。顾颉刚主编的《古史辨》于 1926 年出版,至 1941 年共出版七册。这个学刊是以古史辨伪,着重对先秦典籍的考证为特点的,积聚了数十位国学家,被称为古史辨派。1928 年国立中央研究院《历史语言研究所集刊》在傅斯年的主持下出版,至 1949 年共出版二十本。《古史辨》的论文主要作于抗战之前,而《历史语言研究所集刊》约一半的论文是在抗战时期的李庄完成的。史语所共有专业研究人员六十名,构成一个颇为庞大的学术群体。这两种连续出版的大型纯学术的学刊,以科学的考证方法研究中国文献与历史存在的困难的学术问题,但《集刊》的研究对象比《古史辨》广阔得多,而且历史悠久绵延,因而学术的影响极为深远。现在《集刊》仍在台湾继续存在下去。国学运动因有了古史辨派和史语派使其克服了整理国故的局限而在学术研究中取得巨大的成效。历史语言研究所在李庄的五年是最富生命活力的,在艰苦的条件下潜心于探讨中国文献与历史的深奥的学术问题。这种精神正表现了中华民族抗战胜利的信心,坚忍地承传了中华的学术命脉,为中华民族的伟大复兴做了高层次的文化建设。史语派的国学研究在四川播下了种子。他们的治学态度与研究方法都给四川的国学带来新的生机。

抗日战争胜利后,中央研究院奉命还都南京,成立了复员委员会,以负责联系和组织还都工作。中央研究院决定于 1946 年 6 月开始还都工作,历史语言研究所已做好还都的准备。为了纪念在李庄难忘的五年,全所同人倡议在李庄板栗坳张家大院的牌坊头立下纪念碑。碑文:

  李庄栗峰张氏者,南溪望族。其八世祖焕玉先生,以前清乾隆间自乡之宋嘴移居于此,起家耕读,致赀称钜富,哲嗣能继,堂构辉光。本所因国难播越,由首都而长沙,而桂林,而昆明,辗转入川,适兹乐土,尔来五年矣。海宇沉沦,生民荼毒,同人等犹幸而有托,不废研求。虽曰国家厚恩,然而使客至如归,从容乐居,以从事于游心广意,斯仁里主人暨诸军政当道、地方明达,其为藉助,有不可忘者。今值国土重光,东迈在迩,言念别离,永怀缱绻;用是询谋佥同,醵金伐石。盖夲山有记,岘首留题,懿迹嘉言,昔闻好事。兹

留别李庄栗峰碑铭拓片

虽流寓胜缘,亦学府一时故实,不为镌传,以宣昭雅谊,则后贤其何述?铭曰:

江山毓灵,人文舒粹,旧家高门,芳风光地。沧海惊涛,九州煎灼,怀我好音,爰来爰托。朝堂振滞,灯火钧沈,安居求志,五年至今。皇皇中兴,泱泱神武,郁郁名京,峨峨学府。我东曰归,我情依迟,英辞未拟,惜此离思。

中华民国三十五年五月一日,国立中央研究院历史语言研究所同人傅斯年、李方桂、李济、凌纯声、董作宾、梁思永、岑仲勉、丁声树、郭宝钧、梁思成、陈槃、劳榦、芮逸夫、石璋如、金汉升、张政烺、董同龢、高去寻、夏鼐、傅乐焕、王崇武、杨时逢、李光涛、周法高、逯钦立、王叔岷、杨志玖、李孝定、何兹全、马学良、严耕望、黄彰健、石钟、张秉权、赵文涛、潘悫、王文林、胡占魁、李逢春、萧纶、那廉君、李光宇、汪和宗、王志维、王宝先、魏善臣、徐德言、王守京、刘渊临、李临轩、于锦绣、罗筱蕖、李绪先同建。陈槃撰文,董作宾题额,劳榦书。

这应是一座三绝碑。甲骨文研究专家董作宾用甲骨文题额是:山高水长。这座丰碑极受李庄人民爱护,但到了"文化大革命"时却被红卫兵们打毁了,实在可惜。

五　走上新学术之路

　　成都是四川省政治与文化的中心，亦是四川国学运动的基地。它因特殊的历史与地理条件而往往与主流文化保持着相当的距离，国粹势力在此盘根错节，对于国学新思潮是抵制的。1928年秋，四川省立国学专门学校改为四川大学中国文学院，当时的教师有蒙文通、龚道耕、李思纯、刘恒如、李榕庄、谭焯庵、徐炯、余苍一、朱清长、李絜、陶亮生、刘咸炘、林思进、吴芳吉、曾尔康、李劼人、唐迪风、赵少咸、向楚、庞石帚等蜀中学者。1931年在成都的国立成都大学、国立师范大学、公立四川大学合并为国立四川大学，原中国文学院专门部学生并入四川大学文学院文史系。当时四川国学界的情况如刘咸炘《与蒙文通书》所说："蜀中学人无多，而有不能容异己之病。先进不能屈尊后进，又多侮老。学风衰竭，职此之由。加以游谈者多，而勤力者鲜；视经典为玩好，变学究为名士；以东涂西抹为捷，以究源竟委为迂。"由于旧学根深蒂固，四川的新文化学者甚为罕见，大多数的教授实为名士。抗日战争时期，迁入成都及其附近的高等学校和学术机构才带来了新的学风。

　　自成都建立两千余年以来，曾有三次文化高潮。第一次是西汉初年文翁在成都兴学,派遣蜀中优秀青年到京都长安学习儒家经典。他们学成回来后传播中原儒家文化,促进了成都文化的快速发展,以致两汉时期蜀中的文人学者辈出。第二次是唐末中原战乱,士族纷纷入蜀,引入了中原的新文化和新艺术,所以在前蜀国和后蜀国时期,成都富庶和平,文化高涨。这种影响直到宋代尚产生良好的效应。第三次便是抗日战争时期了。

1910年3月西方教会在成都外南兴办了华西协合大学。抗日战争时期燕京大学、金陵大学和齐鲁大学均迁入华西协合大学,齐鲁大学在成都北郊重建了国学研究所。成都周边内迁的高校还有在乐山的武汉大学和在三台的东北大学。随着这些大学的迁入,成都积聚了许多国内著名的学者。而具有国学性质的一些学术刊物的创办更使四川的学术界活跃起来,成都固有的国学状况由此得以发生变化。

华西协合大学是教会学校,办学的目的是用基督教教育以感化四川人民。虽然在这里中国传统文化教育受到了压抑,但在其早期还是聘请了前清有功名的学者担任国文教学,而且国文课是必修的。廖平、刘豫波、文龙、林思进、龚道耕等皆主讲过国文课。华西协合大学经过逐渐的改进,20世纪30年代已成为以中西文化融合为特征的一所著名高校。在中国文学系任课的教员有哈佛大学博士蒙思明,燕京大学硕士郑德坤,外籍教师葛维汉,他们属于具有新文化思想的学者。同时还有蜀中的国学家朱清长讲词曲,余舒讲孟荀哲学,龚道耕讲文献学,林思进讲中国文学史。1940年华西协合大学成立中国文化研究所,聘请闻在宥为主任,韩儒林为研究员,函聘陈寅恪、刘咸、李方桂、吴定良、滕

华西协合大学张凌高校长与文科教师

固、董作宾等为名誉导师，同时出版《华西大学中国文化研究所论丛》，由上海印行，分寄欧美各国，迅速改变了华西大学在中国学术界的地位。1941年华西协合大学创办了《中国文化研究所集刊》，至1950年共出版八卷。创刊号的《本刊条例》：

（一）本刊所收论文，以关于中国文化之研究为主，而尤侧重于人类、考古、历史、地理、语言等学科。中国以外，如印度、南海等之研究在文化上关系极密者，或亦兼采，惟以极少数为限。

（二）本刊论文，以所中同人自撰者为主。所外学人有以性质相符之稿本见赐者，本所当斟酌收受之。

（三）本刊文字，不以国文为限，英、法、德文皆得使用。惟用国文者，多附欧文提要；用欧文者，多附国文提要。

此集刊用横排，中外文字共存，采用新方法，开拓新学科，使川中学界耳目一新。其中发表的国学论文如韩儒林《元代阎端赤考》《女真译名考》、章用《敦煌残历疑年举例》、董作宾《"四分一月"说辨正》、刘咸《南海黎人面具考》、鲍克兰《大理地名考》、吕澂《禅学考原》、蒋大沂《汉代戈戟考》、杨汉光《乌蒙小考》等都具新的学风。中国文学系还刊行《华西国学丛书》，已出版的有朱孔彰遗著《尚书古注便读》、李植《异平同人考》、庞俊《国故论衡疏证》、龚道耕《唐写残本尚书释文考证》等。

北平的燕京大学在1941年12月日本偷袭珍珠港后被解散。1942年校董会在重庆召开，梅贻宝为主任，商议复校。1942年秋燕京大学在成都外南华西坝复校。国文系主任马锱，历史系主任郑德坤，哲学系主任施有忠。聘请陈寅恪、李方桂、吴宓、徐中舒到校讲课。陈寅恪短时期居成都，开启了他以诗证史的新的学术思路。

陈寅恪生于 1890 年，湖南长沙人。1902 年随兄师曾留学日本。1907 年进入上海复旦公学学习，1909 年毕业。1910 年留学德国柏林大学，1913 年留学法国巴黎大学，1915 年归国。1919 年入美国哈佛大学学习。1921 年再赴德国研究梵文及东方古文字，1923 年入柏林大学研究院。1926 年在北京任清华学校国学研究院教授，1931 年任清华大学中文系与历史系教授，1939 年在西南联大。1943 年冬因病到重庆，康复后于 12 月底到成都任教于燕京大学。1945 年春双目失明，住成都存仁医院治疗，8 月 15 日日本投降后离成都赴英国伦敦治疗眼疾。1944 年，陈寅恪在燕京大学时完成了十一篇关于唐代文化与文学研究的论文——《以杜诗证唐史所谓杂种胡之义》《长恨歌笺证》《元微之悼亡诗笺证稿》《白乐天之先祖及后嗣》《白乐天之思想行为与佛道之关系》《论元白诗之分类》《元和体诗》《白乐天与刘梦得之诗》《白香山琵琶行笺证》《元微之古体乐府笺证》等。其中的九篇后来收入《元白诗笺证稿》，1950 年由岭南大学文化研究室线装印行。

关于以诗证史问题，北京大学教授邓之诚在《清诗纪事初编序》里说："诗有异于史，或为史所无者，斯足以证史，最为可贵。其与史合者，诗略而史详，史固专行，何劳费辞。若辞旨隐约，以史证之，类于商谳。"他认为诗歌描述的内容是历史典籍中没有记载的，用它来补充或证明史事，这是最有意义的研究。如果诗歌所描述的与历史相同，便没有必要再用史事来解释诗歌。

唐代诗人白居易和元稹的诗歌中有许多反映社会现实生活的作品，它们不同于历史，却有很大的历史价值。陈寅恪从以诗证史的视角对元白诗歌做了考证，成为研究中国古典诗歌的范例，开创了一种新的研究方法。值得我们注意的是，除了细密的笺证而外，陈寅恪还表述了一些重要的文化观念。在关于白居易《琵琶行》的笺证里，陈寅恪谈到古今社会风俗的不同：

> 考吾国社会风习，如关于男女礼法等问题，唐宋两代实有不同。此可取今日日本为例，盖日本往日虽曾效则中国无所不至，如其近世之于德国及最近之于美国者然。但其所受影响最深者，多为华夏唐代之文化。故其社会风俗，与中国今日社会风气经受宋以后文化之影响者，自有差别。斯事浅显易见，不待详论也。惟其关于白乐天此诗者有二事可以注意：一即此茶商之娶此长安故倡，特不过一寻常之外妇。其关系本在可离可合之间，以今日通行语言之，直"同居"而已。元微之之于《莺莺传》极夸其自身始乱终弃之事，而不以为惭疚。其友朋亦视其为当然，而不非议。此即唐代当时士大夫风习，极轻贱社会阶级低下之女子。视其去留离合，所关至小之证。

这不仅证史，进而透视了唐代社会风习。然而白居易在《琵琶行》里却因对被商人遗弃的妇女表示了真正的同情，才使此诗获得了永久的文学生命。元稹的妻子韦丛去世后，他写了《遣悲怀》三首组诗以表悼亡。陈寅恪笺证此诗时再次论及了社会道德风习，他说：

纵览史乘，凡士大夫阶级之转移升降，往往与道德标准及社会风习之变迁有关。当其新旧蜕嬗之间际，常呈一纷纭综错之情态，即新道德标准与旧道德标准，新社会风气与旧社会风习并存杂用。各是其是，而互非其非也。斯诚亦事实之无可如何者。虽然，值此道德标准社会风习纷乱交易之时，此转移升降之士大夫阶级之人，有贤不肖拙巧之分别，而其贤者拙者，常感受苦痛，终于消灭而后已。其不肖者巧者，则多享受欢乐，往往富贵荣显，身泰名遂。其故何也？由于善利用或不善利用此两种以上不同之标准及习俗，以应付此环境而已。

这是陈寅恪的基本的文化观念，但仅注意到时代转型的表象而已。我们从国学研究来看，陈寅恪的"笺证"不只是以诗证史，还提出了一些值得探讨与深思的文化观念，这是国学研究的一种新的动向。

金陵大学是美国教会在中国办的大学之一，规模较大。1937年8月，日本飞机开始对南京疯狂轰炸，11月教育部命令金陵大学停课闭校，学校行政与华西协合大学联系，动员师生于25日从南京下关出发西迁，往汉口、重庆，再从陆路到达成都，历时三个月。1938年3月，金陵大学在华西坝开学。文学院长刘国钧，哲学系主任倪青元，中文系主任高文（实斋）。史学家冯汉骥和蒙文通被聘为教授。

金陵大学在南京时创办有中国文化研究所，并出版丛刊，在国学界是有一定影响的。在成都期间,《金陵大学中国文化研究所丛刊》继续出版。我现在见到此丛刊两种之一的《五朝门第——附高门世系婚姻表》上下两册,由金陵大学中国文化研究所印行,民国三十二年（1943）11月出版,代印者为成都新蓉印刷工业合作社,作者是王伊同。"五朝"是指中国的晋、宋、齐、梁、陈。这五朝是最讲究"门第"的,即具有功勋的贵族家族属于显赫的高门望姓,出生于高门的子弟具有很高的社会地位,易于占据国家机构中的要职,从而形成一个最高的社会利益集团。王伊同以翔实的史料论述了五朝的氏族,高门在政治上的优遇,政治上的垄断,高门的风范、习俗等问题。每一章引用的文献资料多者达六百余条,因而是一部非常谨严的学术专著。引起我们注意的是作者的自序,备述了抗战时期颠沛流离的生活与写作此著的艰辛。序云：

> 民国二十六年六月,予方毕业北平燕京大学,未浃旬,敌寇边围,江淮鼎沸。予奉亲西行,及义兴,不获更进。越数月,洪师煨莲,觅介遗书,嘱向行北上,遂以八月抵旧都。时戎马生郊,四境多垒,燕京（大学）独屹然无恙,因发愤淬砺,撰《五朝门第》,将有以自广者。翌年冬,先严希玉公弃养,予寻病困,半载始瘳。茫茫终日,无以为计,邓师文如督之曰："弃日者,天恒弃之。于今遭大故,复憒憒何为者?"予德其言,载拜受命,首尾三年而功成。张师孟劬,谬为延誉,且移书哈佛燕京学社,谋印剞劂。是年秋,予受聘金陵大学,携副本以行。后三月,暴敌侵凌,美倭交绥,燕京以外侨故,遽遭禁闭,洪邓二师,骈比系狱;事不果行。

金大中国文化研究所所长李小缘先辈，恂恂长者也，徵其情，怂恿付梓，且云："吾二校（燕京大学、金陵大学）居南北，夙相唇齿，今值颠沛，方求更进，其以君为倡。"予题其言，加之校雠，期无遗憾。时乱年荒，百工奇阙，权分上下篇，冀工之速也。附录世系表，都六十余幅，另册合行，曰上下卷，取便览也；期年而书成。帝虎沛然，容图删落。双亲不获见，虽百身而莫赎。弭兵有日，携诣诸师，不辨甘辛何如已。民国三十二年十一月王伊同载拜序。

王伊同是在抗日战争爆发的1937年8月开始撰著《五朝门第》的，其间经历了流亡、父亲去世、患病、失望茫然、师长的勉励等，为时三年得以脱稿。1941年秋王伊同受聘于金陵大学，在所长李小缘的支持下，这部专著终于在1943年出版。为什么要选择"五朝门第"这个专题呢？王伊同在《总论》的末尾说：

予曩读史，至南北朝意有所动。以为徒托空言，未若见诸行事也；初欲兼治南北朝，较其异同，力有所不逮，则独取晋陈间事，精加雠考，次以八章，曰氏族，曰高门在政治上之优遇，曰私门政治之盛衰，曰高门在经济上之垄断，曰附属高门之奴客，曰高门之风范，曰高门之习俗。昔章炳麟先生著书，有《五朝学》《五朝法律索隐》诸作。因援其义，衍曰《五朝门第》；而以谱学、高门世系婚姻表殿附焉。

这个选题是很有创见的，它不同于一般的史学著述，而是着力探讨五朝中的一个社会现象，以大量史实进行论证，因而成为

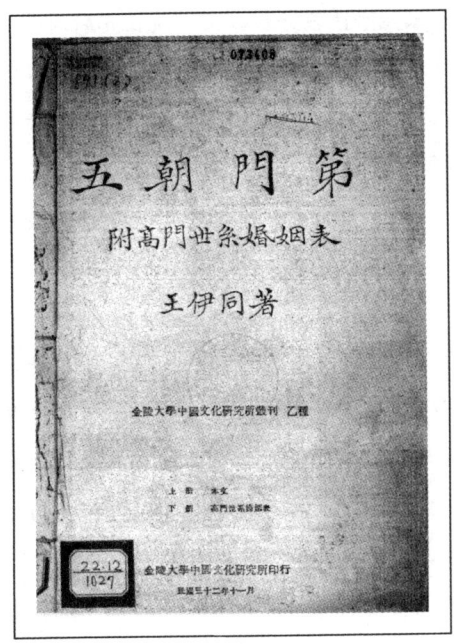

《五朝门第》书影

一部国学研究专著。著者的著述精神是可贵的，在乱世的艰难岁月，尚未失去学术的追求，承续着中华的学术事业。

武汉大学于1938年12月迁至四川乐山，分别住于龙神祠、三清官、李公祠、火神庙、露济寺及进德女校等处，文学院设在文庙。1939年朱光潜任教务长。文学院长先后由陈源、高翰、刘永济担任。中文系主任为刘博平，史学系主任为方壮猷。国立武汉大学于1930年4月创办《文哲季刊》，至1936年停刊，迁乐山后于1941年复刊，每年一期，今存1941、1942、1943年三期，即第七卷第一、二、三期。在第七卷第一期刊有黄方刚的《拟倡立哲学研究院缘起》：

> 各种学术上宜复有可以统一之者，哲学是已。然而对于哲学，同人既未加以注重，而政府亦无专门机关之设立。国立中央大学前曾有创设哲学院之议。未几而议寝，后遂无提议者。抗战以还，全国思想渐趋于一，而当局亦渐知思想统一之重要，于是一二年间学院应运而生焉。乐山有复性书院，大理有民族文化学院，成都有川康建设学院，各怀特殊之使命，要以谋全国意志之集中耳。不才如余，偶有一得，聊草此文，以冀各方注意云尔。民国二十九年三月黄方刚序于乐山武汉大学。

抗战以来，各种专门学院应运而生，建议设立哲学院则是在更高的文化层次上的考虑。这些都体现了抗战时期中国学术事业的坚持与发展。《文哲季刊》是文献学与哲学并重的刊物，在乐山出版的三期上发表的国学论文有：刘异《六艺通论》、徐震《穀梁笺记》《南山诗释》、黄焯《古音为纽归匣说》、黄方刚《释老子之道》、吴其昌《宋代哲学史料丛考》、徐天闵《诗歌分期之说明》、方壮猷《辽金元科举年表》、刘学章《乐山语〈考释〉》。

东北大学于 1938 年 5 月 10 日迁至四川三台县复课。这里在唐代曾是东川节度使所在治所，东北大学校舍设在草堂寺潼属联立高中校舍。文学院长是清史专家萧一山，历史系主任为蓝孟博，文学系主任为高亨。1941 年姜亮夫继任文学院长，他特聘了著名教授陆侃如为文学系主任，又聘请冯沅君、赵纪彬、董每戡为教授。他们成立了中华全国文艺界抗敌协会川北分会，成员有陆侃如、冯沅君、赵纪彬、董每戡、姚雪垠，以及在绵阳的作家李广田，东北大学同学徐放、刘黑枷等。1944 年金毓黻任文学院院长兼文科研究所所长。国文系主任陆侃如，教授有孔德、冯沅君、董每戡、霍玉厚、佘雪曼、赵纪彬、金景芳等。历史系主任谢澄平，教授有丁山、金毓黻、杨向奎、陈述等。国立东北大学自迁三台后即成立了东北史地经济研究室，于 1940 年 6 月创办《东北集刊》，至 1945 年共出版了八期。这是关于东北地区的学术研究大型刊物，其中涉及国学研究的论文有：王家琦《辽赋税考》、陈述《契丹女真汉姓考》《越里野利逸利越利诸族考》《刘敞使北诗笺证》、李符桐《回鹘西迁以来盛衰考》《撒里畏兀儿来源考》、隋觉《明清萨尔浒之战》、陶元珍《辽东公孙氏事迹考》、金毓黻《辽部族考》、萧一山《清代东北之屯垦与移民》等。它们探讨东北在文献与历史方面存在的学术问题，有助于学果对东北历史的深入认识。为什么东北大学要创办《东北集刊》呢？集刊第一期

附录有《国立东北大学东北史地经济研究室概况》:

东北大学自改为国立以来,于今三年,时遭抗战时期,辗转迁徙,经费不足,仅能维持一普通大学之局面而已,尚不能尽其天职,从事于特殊学术之研究。窃维东北大学既为重视东北而置,则仅有普通大学科目,而别于对于东北之特殊研究,殊有负于国家民族对于东北大学之希望。慨自"九一八"以来,国难日深,东北最先沦陷,而华北及长江下游继之,未几政府迁至西南,而文化机关及各大学随之。大势所趋,对于川康及西南区域之研究开发,甚为政府及海内学者所注重,而东北问题或至淡然若忘。夫学术研究,固无分畛域,而对所含之地方性科目,如历史、民族、语言、风俗、地理、地质、生物、农村等科,尤应就全国各区,同时分别进行研究,不可顾此失彼。矧东北四省之于中国,更有特殊意义,不容忽视……故今后东北大学应以研究东北情形及计划收复东北后之文化及经济建设为第一使命,而教导青年使之认识东北为第二使命。研究东北,直接固为收复东北,建设东北之准备,间接亦为将来与吾中华民族之活动扩展有关之百年大计。此本大学所以欲以研究东北为今后中心工作之理由也。

东北大学在抗日战争的艰难时期,虽然流寓西南,但学者们自觉地认识到从学术上研究东北的意义,而且为收复东北后的建设工作进行了准备。不能忘记东北,这表现了东北大学学者抗战必胜的坚定自信。我们从《东北集刊》所发表的部分国学论文可以见到文献与历史问题的考证并非与社会现实毫无关系。

金景芳是研究中国古代思想的专家，于1941年到东北大学任教。金景芳，1902年生于辽宁义县白庙子项家台村。父亲是手工业工人。1910年入白庙子小学堂学习，小学毕业后曾在家从事农业劳动。1916年夏，老师孙雨山见他赤腿牵牛，遂力劝其父亲让儿子继续读书。1918年金景芳考入省立第四师范学校，1923年于初级师范本科毕业后到南堂小学任教，教初中国文。1929年参加辽宁省教育局长考试，获第一名，1931年调至教育厅工作，认识继任的厅长金毓黻先生。"九一八"事变后几经转折，于1940年到四川乐山乌尤寺拜见马一浮先生，是年9月入乐山复性书院学习。

复性书院是国学大师马一浮在抗战时期于1939年创建的。马一浮任主讲，导师有熊十力、谢无量、张真如。正式学生不足二十人，以研究儒家经典为主。1939年金景芳因在东北中学（时迁西安）任教时所著的《易通》和《春秋释要》而深为马一浮赏识，亲为题辞。1941年11月经金毓黻介绍至三台东北大学任文书组主任。金景芳在自传里记述：

> 1942年5月我以文书组主任兼任中文系讲师。这时，我写的《易通》已获教育部"著作发明及美术奖励"三等奖，奖金三千元。向在东北中学为教务主任时，有人攻击我不合格。今天我不但做中学教务主任合格，做大学教授也合格了。因为教育部有文件规定：大学毕业可做助教；做助教四年，提出相当于硕士的论文，可做讲师；做讲师三年，提出相当于博士的论文，可做副教授；做副教授三年，提出相当于获

学术奖励的，可做教授。我已获学术奖励，当然可以做教授了。

当时在中文系任教的有高亨、陆侃如、冯沅君、蒋天枢、霍玉厚、潘重规、董每戡、叶鼎彝、佘雪曼、傅庚生、姚雪垠等。姜寅清曾任系主任，已去职。我在中文系曾担任大一国文及经学概论、专书选读等选修课。每周授课9小时。我在《志林》刊物（东北大学主办）上曾发表《研治经学之方法》及《周易与老子》等。1945年8月日本投降，举国欢腾。东北大学亦筹划复员工作，早日迁回沈阳北陵旧址。

金景芳的成名之著《易通》于1945年由商务印书馆出版。他谈到研究《周易》的心得说：

> 我认为《周易》是殷周之际的作品，它是周初统治者利用卜筮的形式表达哲学内容，借以统治人民的一种工具。它的产生是当时的历史条件决定的……但是卜筮只是《周易》的外部形式，哲学才是它的实质性内容。此书行世既久，人们只习惯把它看作卜筮之书，无人注意并肯下功夫去了解它的内涵……自古至今治《易》的长期分为两大派。一派是注重卜筮的，通常名为象数派。一派是注重思想的，通常名为义理派。两派互相对垒，旗鼓相当，难分上下。实际上是象数派鼓吹迷信，义理派维护真理。前者于学术无益，于社会有害，后者是进步的。

金景芳研究《周易》主要成就是揭穿象数派搞迷信的谬误，

着重阐发了《易传》的哲理。四川的《易》学是很发达的，但是以象数派占据优势。金景芳对象数派的批评给四川学术界带来了一些震动。

古史辨派的创始者顾颉刚于1939年9月至成都，1941年6月至重庆，1946年2月在北平，计在四川六年有余，这正是他学术上最活跃的时期。顾颉刚，1893年生于江苏苏州。幼承家学，1905年入私塾，次年以第一名考入长元吴高等小学，1908年升入苏州公立中学。1913年考入北京大学预科，1916年考入北京大学文科中国哲学系，1920年夏毕业，受聘为北京大学图书馆编目兼管国文系参考室，1924年任北京大学研究所助教，1925年在研究所编《国学季刊》与《歌谣周刊》，1926年编辑《北京大学国学门周刊》，发表《北京大学国学门周刊发刊词》，6月主编的《古史辨》由朴社出版。1927年在厦门大学任教，编辑《厦门大学国学研究院周刊》，10月任广州中山大学史学系教授兼主任。1930年任燕京大学国学研究所研究员兼历史学系教授。1937年七七事变发生后逃出北京，次年到昆明任云南大学文史系教授。1939年9月至成都任齐鲁大学国学研究所主任。

中国学术界自来将古史辨派纳入史学的范围，并以为它是新史学中的一个学派，此派的中心人物顾颉刚因讨论古史而成为早享盛誉的史学家。《古史辨》自1926年至1941年共出版了七册，其中顾颉刚主编第一、第二、第三、第五册，罗根泽主编第四、第六册，吕思勉与童书业主编第七册，共汇集了三百五十余篇文章。它们的作者有胡适、顾颉刚、钱玄同、丁文江、魏建功、容庚、傅斯年、马衡、缪凤林、姚名达、周予同、冯友兰、刘复、罗

金景芳像

顾颉刚像

根泽、钱穆、梁启超、余嘉锡、高亨、唐钺、刘盼遂、吕思勉、童书业、谭戒甫、唐兰、郭沫若、杨向奎、蒙文通、杨宽等数十位著名学者。他们之中有史学家、考古学家、经学家、文学家、哲学家、文献学家和文字学家等，皆以疑古的态度讨论中国古代史而形成一个庞大的学派。如果我们纵观他们讨论的内容，可见到更多的是关于先秦古籍的辨伪，秦汉的学术思想和先秦诸子的研究，并非尽属史学的对象。他们使用的基本上是中国传统考据学与西方实证方法的结合，因而并非尽属史学的方法。因此从学术性质来看，古史辨派是应归入国学的，它应是国学运动中的一个流派。

  顾颉刚投入国学运动并开创古史辨派是深受 20 世纪之初新学术思潮影响的。他自认为因在北京大学时从胡适受学而了解其研究方法，因胡适和钱玄同鼓励编辑辨伪材料而使研究古史快速地进行，因蔡元培提倡学术新风气而播下辨论古史的种子。1923 年冬国学大师章太炎在北平共和党本部主办的国学会讲学，顾颉刚听太炎先生讲论宗教与艺术的冲突、反对提倡孔教，批评王闿运、廖平和康有为等今文经学派，这使他开阔了学术视野，知道治学是有几条途径的。然而顾颉刚后来渐渐发觉章太炎偏执于信古，固守宗派见解，是一个"经师改装的学者"，于是重新选择了治学道路。1923年初胡适发表《北京大学〈国学季刊〉发刊宣言》提出整理国故的意见和计划，顾颉刚稍后在《古史辨》第一册自序里说：

  整理国故的呼声倡始于太炎先生，而上轨道的进行则发轫于适之先生的具体计划。我生当其顷，亲炙他们言论，又从学校的科学教育中略略认识科学的面目，又因性喜博览而对古今学术有些知晓,所以能够自觉地承受……我固然说不上有什么学问,但我敢说我有了新方法了。在这新方法支配下的材料,陡然地呈露了一种新样子,使得我又欣快又惊诧,终于大了胆子而叫喊出来,成就了两年前的古史讨论。

顾颉刚是自觉地承受整理国故工作的,从此一直坚持下来。他最初以为关于几部古籍的辨伪便可弄清中国古史的真相,但随着研究的深入,感到普泛地研究古史绝非个人能力可胜任的,遂将研究的范围缩小到汉代以前的古典文献,否则研究是不可能深刻和继续下去的。这种转变应是从古史讨论进入到真正的国学研究了。1926年顾颉刚发表《北京大学国学门周刊发刊词》,发展了胡适的国学观念,全面讨论了国学的性质与价值,回答了当时社会对国学运动意义的质疑。关于国学是什么?顾颉刚以为"是中国的历史,是历史科学中的中国的一部分。研究国学,就是研究历史科学中的中国的一部分,也就是用了科学方法去研究中国历史的材料"。这使"国学"概念的界定趋于明确:其"科学方法"即科学的考证方法,其"中国的史料"是广义的史料,即历史文献。顾颉刚理解的国学是用科学考证方法去研究中国的历史文献。因此国学是一门科学,具有纯学术的性质。他严厉地批判国粹派的国学观念,他说:

> 老学究们所说的"国学",他们要把过去的文化作为现代人生活的规律,要把古圣遗言看作"国粹"而强迫青年们去服从,他们的眼光全注在应用上,他们原是梦想不到什么叫作研究的,当然说不到科学,我们也当然不能把国学一名轻

易送给他们。若说他们在故纸堆中作生活，我们也在故纸堆中作生活，所以两方面终究是相近的。无论我们的研究在故纸之外尚有实物的考查，就是我们完全投身于故纸堆中也与他们截然而异趣。

这将国学新思潮与国粹派的界限划得极为清楚了。顾颉刚坚持从纯学术态度来理解国学的价值，他认为关于社会政治和道德等问题，仅是国学研究的对象而已，并不因此而肩负改良社会的工作。同时因为是高深的研究，因而"不希望把国学普及给一班民众"。现在我们看来，顾颉刚关于国学的论述仍存在一些缺陷的，将它理解得过于狭隘了。然而他在继胡适之后驳斥了来自学术界对国学运动种种攻击的意见，大大推进了国学向真正的学术道路的发展。他正是在此国学观念的指导下进行整理国故工作的，而且是以古史讨论为突破的，所以于1926年1月写完《北京大学国学门周刊发刊词》后即用两个多月的时间完成了《古史辨第一册自序》，它成为古史辨派的宣言，标志一个新学派的诞生。

抗日战争爆发后，顾颉刚到了西南，1939年9月受聘任齐鲁大学国学研究所主任。齐鲁大学原在山东济南，是英国、美国和加拿大三国基督教教会于1917年创办的，1937年11月中旬开始迁至成都华西坝。齐鲁大学在济南时曾得到美国哈佛燕京学社资助建置国学研究所，迁成都后重建国学研究所，聘请顾颉刚为主任。顾颉刚与哈佛燕京学社商议，争取到了每年五万元的资助，于是重新规划了研究所的发展，并邀请了时任西南联大教授的钱穆任副所长。钱穆晚年在《师友杂记》里回忆说：

民国二十八年（1939）……余在昆明，临行前，颉刚来访，被获流亡成都之山东齐鲁大学聘，任其新设国学研究所主任职。实则此事由颉刚向美国哈佛大学燕京学社协商得款，乃始成立……齐鲁大学在成都南郊华西坝，借用华西大学校舍。国学研究所则在北郊赖家园，距城二十里许。有研究生十许人。有一藏书家，避空袭，移书赖家园，借研究所用。园中有一亭，池水环之，一桥外通。池中遍植荷，池外遍树柳。余尤爱之。风日晴和，必一人坐亭中读书。余又兼齐鲁大学课，由赖家园赴城，坐鸡公车，平生所未见也。

赖家园在成都北郊崇义桥附近。国学研究所创办了《齐大国学季刊》，今存 1940 年与 1941 年两期，发表的论文有孙次舟《论魏三体石经之来源及两汉经古文写本的问题》、陆懋德《瑚琏考》、黄文弼《中国古代大夏位置考》、张维华《汉张掖郡骊靬县得名之来源》、侯宝章《中国解剖史之检讨》、姚名达《史字之本来意义》、丁山《聚珍本牧庵集跋》、《吴回考》、孙次舟《虢季子白盘年代新考》、张思《语音历史观解蔽》、孔玉芳《王莽变法的背景》、杜奉符《墨子小记》。《齐大国学季刊》1940 年新一卷第一期有顾颉刚的《后记》：

去年九月，本校国学研究所在成都重立，亟谋研究工作之进行，因感念旧有季刊之不可任其长久停顿，必当早日恢复，又念及旧有季刊之内容，难收专一之效，当求其整齐划一，集中某一方面，而后进步可期，遂改为国学研究所编辑。而虽云袭旧，实等创新，因改其名称曰《齐大国学季刊》……

《齐大国学季刊》书影

私立齊魯大學國學研究所主辦

責善半月刊

第二卷 第三期

目錄

西南邊疆稻族藝術研究之意義　　岑家梧
拉卜楞寺概況（續完）　　　　　　李安宅
再論偽太子與偽皇族案　　　　　　蘇雪林
比干爲女性說　　　　　　　　　　孫道昇
羅念菴先生年譜（續）　　　　　　錢　穆
讀莊管見——齊物論　　　　　　　杜奉祚
浪口村隨筆——六辨——風雅頌之別　顧頡剛
洮州日記（續）　　　　　　　　　王樹民

內政部圖書雜誌審查登記證字第七五六三號中華郵政特准掛號認為新聞紙類
　　　　　　中華民國三十年五月一日　出版
　　　　　　定價 每冊三角 半年三元正 全年六元九

《責善半月刊》書影

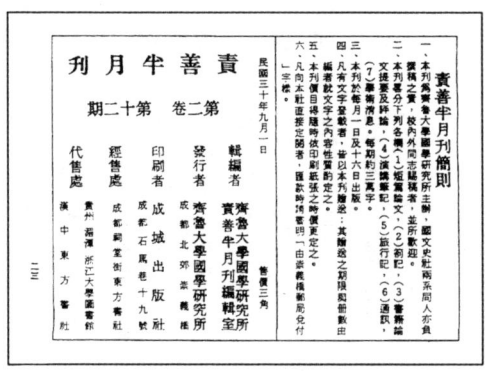

《责善半月刊》书影

尝谓士之报国，原不必尽人投身疆场，操戈杀敌，即抱经自守，绵垂学术命脉于不绝，亦为重要之一端。自七七事变发生以来，倭寇肆虐，海内鼎沸，士子离散，图籍佚亡，吾国数千年来学术命脉，行有中绝之虞。学问事业，为一国文化之所寄托，民族思想之所钟寓，失此而不讲，其损失之重大，又何减于土地之沦丧乎？所幸半壁尚存，弦诵可续，吾辈士子，退处后方，安可不乘此时机，兢兢自持，各本素日之志愿，共为学问之探讨，以期与前方将士，同负此抗战建国之使命？日来寇机迭肆轰炸，居处不安，而物价高涨，印刷亦甚感困难，本刊在此艰苦之期，所以继续出版者，其意即在乎此。

这里顾颉刚发展了他早年关于国学研究价值的认识，指出在抗战时期学者们绵垂学术命脉，负起抗战建国使命的重要意义，深刻地提示了国学研究与社会现实的关系。

齐鲁大学国学研究所同时创办了《责善半月刊》，自1940年至1941年共出版四十八期，此刊简则：

一、本刊为齐鲁大学国学研究所及国文史社两系学生练习研究之用，所系师生并负撰稿之责，校内外同志亦得加入。

二、本刊分栏约略如下：（1）论文（限短篇），（2）札记，（3）通信，（4）书籍提要，（5）论文提要，（6）讲演笔记，（7）国内外学术消息。每期约三万字左右。

我们将《责善半月刊》与《文史杂志》比较，发现它是纯学术性的,而且学术信息量很大,兼用外稿。这使此刊很受学术界的欢迎,吸引了一大批著名学者参加撰稿,如丁山、金毓黻、苏雪林、严恩纹、孙次舟、钱穆、顾颉刚、干树民、贺昌群、黄文弼、韩儒林、张政烺、史念海、杨向奎、罗香林、杨树达、邓子琴、胡厚宣、严耕望、刘朴、徐德庵、李源澄、谭其骧、蒙思明等。他们在此刊发表了富有创见的论文,有许多竟是学术的名篇,例如第二卷中的贺昌群《论王霸义利之辨》、慕寿祺《历代石经考》、黄文弼《两汉匈奴单于庭变迁考》、杜光简《唐宋两代产丝地域考》、史念海《永嘉乱后江左对于流人之安置》、孙道升《黎轩与希腊》、邓广铭《书诸家跋四卷本稼轩词后》、施之勉《董仲舒对策年岁考》、严耕望《楚置汉中郡地望考》、胡厚宣《甲骨文四方风名考》、方豪《拉丁文传入中国考》等。顾颉刚在《责善半月刊》创刊号(民国二十九年3月16日)的《发刊词》里阐述了研究国学的科学方法,他说:

> 惟清代朴学,严设科条,力搜实据,一义之建,本旁证多至数百条,用能立于不败之地,正误匡谬,若扫阶尘。况在今日,造物大出,方术益之,我辈之凭藉又足傲清贤乎?然效无倖致,获必先难,如其未能下沉潜之功,固绝不容突觊高明之业。所谓沉潜者维何?深思所学,虽纤芥不敢忽焉,一也。思而得间,写成札记,试立假设,集材料以证成之,二也。有对我树异议者,函商面折,不厌其烦,三也。学者进益,便当从善如流,不护前短,四也。所积既夥,豁然贯通,然后敷以系统,勒为专著,善则奠后生进学之基,不善则待来哲绳纠之至,五也。质辞言之,则初由材料以发生问

题，次由问题以寻求材料，而即由此新得之材料以断决问题，且再发生他问题，二者循环无端，交互激发，遂得鞭辟入里，物无遁形，如斯而已。夫天壤之间，问题何限，匪精思则不得，材料靡尽，匪勒索则不来，所贵乎学者，即以穷年累月之研究期对某事某物有正确之认识已耳。文史诸科，虽与自然科学异其对象，实当与自然科学同其道理。本质既固，然后文采有所施，否则断雪镂冰，其何能久？清人之学，为世所重者以此。

这里顾颉刚最系统地论述了科学考证方法。他认为文史研究——国学研究的对象虽然与自然科学不同，但研究方法是相同的。科学的方法是注重问题的研究，从资料中发现问题，由问题再寻求资料，沉潜精思，真正有了创获，试立假设，以材料证实，形成系统。此外他还强调了治学的科学态度问题，这就是下沉潜的功夫，从善如流，以求真知。这比胡适所概括的科学方法——"大胆的假设，小心的求证"具体多了，真正概括了科学考证方法，而且它在本质上是与清代考据学方法相通的。为什么要创办《责善半月刊》呢？顾颉刚在《发刊词》里说：

齐鲁大学自国难中侨居成都，重立国学研究所……夫岷江浩浩，始则滥觞，增冰峨峨，凝于积水。从古大业之兴，无不造端于隐，而积功于渐，欲争上流，惟须不懈。于以唤起其自信心，鼓舞其创造力。观摩一学，切磋一题，各寻自得之深乐，同登治学之逵，岂不懿欤！至于连结篇章，卓然树帜，自当罗之研究所季刊之中，斯刊固唯是不成报章之襄尔。孟子曰："责善，朋友之道。"同人行能无似，诚不敢忘此鹄的。方今敌寇凶残，中原荼毒，我辈所居，离战场千里而遥，犹得度正常之生活，作文物之探讨，苟不晨昏督责，共赴至善之标，俾将来建国之中自献其几微之力！

这里表明此刊欢迎有创见的关于一学、一题的深入探讨的精练的学术论文。因时处国难，学人更应在后方努力，以为抗战建国而互相责善互勉。《责善半月刊》是国学研究所办的小型快速的学术刊物，亦是办得最好的学术影响很大的刊物，活跃了成都的学术气氛。

顾颉刚在四川的六年多是他的第二个学术丰收时期，他主编了多种学术杂志，成为四川国学界最重要的人物。这段时期他的主要国学论文有：《燕国曾迁汾水流域考》（1940年4月18日）、《整理〈十三经注疏〉工作计划书》（1940年7月11日）、《古代巴蜀与中原的关系说及其批判》（1941年4月28日）、《黄河流域与中国古代文明》（1941年12月9日）、《秦汉时代的四川》（1942年3月8日）、《读左传札记》（1943年12月17日）、《〈蜀王本纪〉与〈华阳国志〉所记蜀国史事之比较》（1944年4月5日）。此外他还发表了通俗的文史考证的小文许多篇。

顾颉刚是一位渊博而富于探索的学者，他在四川也从古史辨派的角度去了解四川的古史。关于四川古史的记载，最早的是西汉末年蜀中学者扬雄的《蜀王本纪》。扬雄模仿古代文体和典籍的叙述方式进行著述是其思维习惯。《蜀王本纪》便是模仿司马迁的《五帝本纪》而成的。此书早佚，仅存了一些佚文，其中最重要的一则是《文选》卷四《蜀都赋》刘逵注引的一段文字：

蜀王之先名蚕丛，柏濩、蒲泽、开明。是时人萌，椎髻左言，不晓文字，未有礼乐。从开明到蚕丛，积三万四千岁。

晋代蜀中史学家常璩著的《华阳国志》里对巴蜀古史传说做了很详的记述。从20世纪20年代开始，在成都外西白马寺的附近陆续发现了一些青铜器，抗战时期入蜀的考古学者在收藏家手中和古玩店里见到这些器物，经过勘察出土地点，以后又见到四川其他地方出土的器物，它们在形制和纹饰等方面都具有地方特色，于是引起关于它们的真伪及年代问题的讨论。1942年在重庆出版的《说文月刊》第三卷第七期为"巴蜀文化专辑"。"巴蜀文化"的概念由此产生，这仅是一个考古学的概念，之后一些学者对其加以泛化和扩大，而且将《蜀王本纪》作为可信的历史了。1941年4月顾颉刚在成都时，很关注关于巴蜀古史的讨论，对某些学者将巴蜀与中原相关系的说法提出了反对意见，著成《古代巴蜀与中原的关系说及其批判》，他说：

抗日战争时期，我国专家学者差不多全体集合到四川。当时，对于川康的自然界和社会各方面的调查研究风起云涌，实在是抗战前所没有预料到的收获……我自己呢，到成都快两年了，服务的余暇，曾游了郫县的望帝丛帝陵，温江的鱼凫城，双流的蚕丛祠和瞿上乡，满想下手整理，写一篇古蜀国的传说。无如一经下手即感困难。其关键为：当时的蜀国本和中原没有关系，直到春秋战国间才同秦国起了交涉……历代人士为秦汉的大一统思想所陶冶，认古代也是一模一样的，终不肯认定这一块地土上的文化在古代独立发展，于是处处勉强拍合，成为一大堆乱丝。一班修史的人难以考核，把这些假史料编进许多史书里去。彼此纠缠，把人的脑筋弄迷糊了，古蜀国的真相，再也不看清了。

顾颉刚肯定古蜀与中原没有关系，而有关古蜀的史料是假史料。这两个观点是很重要的。在重庆时期，顾颉刚进一步考察古蜀史事，将《蜀王本纪》和《华阳国志》的有关记述进行排比分析，著成《〈蜀王本纪〉与〈华阳国志〉所记蜀国史事之比较》。经过排比二十二条记述的异同之后，顾颉刚认为：

> 列观二书异同，可以悟昔人整理史料之方法。扬氏所录固多不经之言，而皆为蜀地真实之神话、传说。常氏书雅驯矣，然其事既非民间之口说，亦非旧史之笔录，乃学士文人就神话、传说之素地而加以渲染粉饰者。何去何从，即此可晓。扬氏为古典学家，偏能采取口说，奇矣。常氏为地方掌故专家，竟忍屏弃地方资料，斯更奇。然此皆时代为之，可无责焉。

从关于蜀国记述的材料的比勘分析，大致只能做出这样的学理判断，真正体现了顾颉刚的睿识与谨严。时过半个世纪，自20世纪80年代以来，四川关于巴蜀文化的研究成为地方的一个热点，然而却把假史料当作真实，把神话传说当成历史，更加似一团乱丝，被此纠缠，古蜀的真相也就更加迷茫了。

齐鲁大学国学研究所的具体工作由钱穆负责。1940年夏季，钱穆从香港乘飞机到重庆，再转至成都。钱穆对顾颉刚的印象很好，他晚年回忆说：

> 颉刚为人极谦和，尝告余，得名之快速，实因年代早，学术新风气初开，乃以枵腹，骤享盛名。乃历举其及门弟子数人，曰："如某如某，其所造已远超于我，然终不能如我当年之受人重视。我内心怍，何可言宣。"其诚挚恳切有如此。而对其早负盛誉之《古史辨》书中所提问题，则绝未闻其再一提及。

顾颉刚是国学研究新观念及新方法的提倡者，成为古史辨派的领袖人物，其学术影响远甚于许多学者。他在成都的时间甚短，据钱穆说：

> 颉刚留所日少，离所日多，又常去重庆。余告颉刚，此处非常之时，人事忙迫，亦实无可奈何。此后兄任外，余任内，赖家园环境良好，假以年月，庶可为国家培植少许学术后起人才，盼勿焦虑。而颉刚终以久滞重庆不归，乃正式提出辞去研究所职务，由余接替。

1941年6月顾颉刚到重庆办《文史杂志》后，国学研究所由钱穆主持。钱穆在此期间编写了《清儒学案》，计四十余万字，并出版了《国史大纲》。1941年8月张其昀等在迁至贵州遵义的浙江大学创办了《思想与时代》杂志，钱穆成为主要撰稿人，开始转向中国文化研究，即由实证转向理论探讨。这是因抗战而引起了他对传统文化的反思。他说：

> 我国家民族四五千年之历史传统，文化精义，乃绝不见有独立自主之望。此后治学，似当于国家民族文化大体有所认识，有所把握，始能由源寻委，由本达末，于各项学问有入门，有出路，余之一知半解，乃始有转向于文化学之研究。

钱穆治学途径与顾颉刚不同，这明显地表现在他对国学的理解。1928年钱穆在《国学概论》专著的卷首说："学术本无国界。'国学'一名，前既无承，将来亦恐不立。特为一时代的名词。其范围所及，何者应列国学，何者则否，实难判别。"因此他以为讲国学应是"于每一时代学术思想的主要潮流所在，略加阐发。其用意在使学者得识两千年来本国学术思想界流转变迁之大势，以培养其适应启新的机运之能力"。所以在《国学概论》里讲述的是中国学术思想史。这样他从国学研究转到文化研究并走向现代新儒学的道路是学术发展的必然了。关于国学研究所的研究与教学情况，研究生严耕望后来回忆说：

> 就研究所的正式工作言，不论研究员或助理员，都各自选定论题，自由钻研，只是每个星期六举行一次讲论会，分组轮流讲演，或作读书报告。最后由顾、钱两位先生作论评。我参加讲论会时，顾先生已到重庆，主要是由先生（钱穆）论评得失或补充。我感到最得益处的，是先生随时提醒诸生，要向大处看，远处看，不能执着的尽在小处琢磨，忘记大目标；尽在小处做，不能有大成就。

钱穆像

国学研究所共有十余名研究生，他们后来在中国思想史、制度、地理及考证的研究方面都取得了很大的成就。

我们从《北京大学国学季刊》《古史辨》和《历史语言研究所集刊》等国学研究刊物发表的论文来看，大都是考证文章，因而给学术界的印象是：国学即等同于考据学。考据有什么意义呢？《责善半月刊》第二卷第二十二期（1942年2月）发表了陆懋德的一篇批评文章《论国学的正统》，他说：

> 吾国旧有国学，本是有体有用之学，昔人所谓"穷经致用"，所谓"经义治事"，皆指此而言，此实为正统的国学，历代各有其人。直至晚清之曾国藩、李鸿章，尚不能出此范围。不过自民国初年以来，一时学者忽倡"为学问而治学问"之说，由是全国风靡，群趋于考证名物，而轻视明体达用。真有如汉人所谓"讲说曰若稽古四字而至数万言"者。此固是国学之一端，而究非国学之正统也……民国以来，治国学者，多循一时之尚，而入于琐碎考证之学，故三十年之结果，竟无全才可用。余故述其管见如此，愿与治国学者共勉之。

这里所理解的"国学"是国粹主义者的观念，将政治与学术混为了一谈，但却代表了学术界对国学的误解与责难。四川学者蒙思明曾在《责善半月刊》第二卷第十八期（1941年2月）发表了《考据学在历史上的地位》，较为系统地论述了国学与考据的关系和考据的局限与意义。这本是钱穆邀请他为国学研究所作的讲演稿。《责善半月刊》发表这两篇文章正体现了学术争鸣的宗旨。

蒙思明，1908年生于四川盐亭县金鼎场。1922年随伯父蒙裁臣和长兄蒙文通到重庆考入江北县治平中学。1925年蒙思明初中毕业后考入上海江湾立达园高中部，1927年考入杭州之江大学社会系学习。在一次搜查中被捕入狱，1928年春出狱，至日本于东京大冈山日语补习学校学习，此年秋归国。1929年秋至成都考入华西协合大学社会及历史系，治中国古代社会史，1933年毕业后留校任教。1935年在北京考入燕京大学研究院历史部，著成《元代社会级制度》，获硕士学位。1938年回成都，任华西协合大学讲师。顾颉刚在成都时邀请蒙思明参加了齐鲁大学国学研究所工作。1944年春，蒙思明获美国哈佛大学远东语文系奖学金，赴美国波士顿攻读哈佛大学博士学位，于1950年9月归国。蒙思明以科学的态度研究历史，注重历史理论与方法。《考据在史学上的地位》是他讲授史学方法的绪言。

传统的史学包括考订、理解和编纂。凡没有经过考订的史料所建立的史实，是不能由这种史实产生正确的理解的；没有理解的系统，便没有一种精神或思想贯通全部的著述。自从20世纪初年以来，研究史学者只重考据，而且以考据为史学的正宗。蒙思明认为这种学术风尚的产生有两种原因，一是承继了清代考据学的余绪，一是受到西方近代考据学的影响。在清代特殊的历史条件下，学者的"通经致用"已不可能了，所从事的是训诂、音韵、校勘、辨伪、辑佚等无关国计民生的纯学术工作，考据学取得空前的成就。这种风尚一直绵延下来。西方自法国大革命后，欧洲民族主义史学兴起，开始民族史料的搜集与编纂，史料的辨伪工作受到重视。相应的，史料学的辅助学科如年代学、碑铭学、印章学、古文字学、古文书学也发展起来。1824年德国史学家兰克的代表著作出版,为史研究的科学方法奠立了基础,开创了历史考据学派。旧的史学包括了政治、经济、社会、法律、宗教、艺术等内容,但在这些学科独立发展后,历史的园地渐渐缩小,甚至有消失的趋势。史学只得向史料学的方向发展了,史学逐渐等同于考据学。蒙思明说:

> 中外学术交通的结果,这一批所谓的学者们,在中国不能承继公羊家的经学,而承继了考据学的经学;在西洋不能吸收综合派的史学,而吸收了考据派的史学;于是双流汇合,弱流竟变做了强流。在科学方法整理国故的金字招牌之下,有如打了一剂强心针,使垂灭的燐火,又将绝而复燃,竟变成了学术界唯一支配的势力。学者们高谈整理国故,专崇技术工作;使人除考据外不敢谈史学。评文章的以考据文章为优,倡学风的以考据风气为贵;斥理解为空谈,尊考校为实学。

蒙思明针对某些穿凿附会、荒诞不经的烦琐考据,提出考据者必须具备三个条件才能进行考据:一、没有历史哲学的领导不能做考据;二、没有博大鸿阔的学识基础不能做考据;三、对当前人生没有实用价值的事不必做考据。蒙思明最后较公允地评价了考据学的学术地位:

> 考据只是一种技术,这技术上面还当要一个运用技术的灵魂。一种学术有他在整个学术界中的固定任务;考据在史学上的固定任务,是用他来考据历史上那类需要考据,值得

禪讓的虛偽，所以史通襃右篇，爰疑的是婦代時期的史實。司馬光執政北宋，目睹王安石變法的非宜，所以一部資治通鑑，全在倡導因循，反對改作。倘使生於今日，還要重提今文古文，重辦正統僞統，重考舜時代究屬禪讓抑或篡奪，重主國家大計不應疑汰而應因循；那眞是無識極了，那真失掉研究歷史的意義了。但翻開一本現代的出版物，無往而不見這類無關現實的考據文章。難道這不是由於他們不曾考慮到實用價值的原故嗎？解應歷史的變遷對象，則歷史的著作，也要隨時代不斷的演進而不斷的改寫。意大利有位史家（一時查不出他的姓名）說：歷史只是當代人對於過去的一個看法。其意義卽在此。歷史研究的對象和問題，所以日新月異，其原因亦卽在此。

總之，我不反對考據；我是主張在考據之上，更進一步。考據是史學的初基工作，而考據之後，還有更多的工作。我也不輕視考據，我是感覺考據方法的任務有限。考據只是

一種技術。這技術的上面還當要一個運用技術的靈魂。一個歷術有他在整個學術界中的固定任務。是用他來考據歷史上那類需要考據，值得考據的史實，而不是隨便探求對象來考據，或難得！就完事的。在目前中國的史學進展中，我們需要考據，也需要考據學，更需要考據家。但我們需要有目的的考據，更精密的考據學，其特體的考據家。否則整理國故，再造文明的鴻願，永遠是一個鴻願而已。

本文大意，爲作者講授史學方法時的緒言，原題一【史學方法在史學上的地位】。因應賡賁四先生之命，在齊大國學研究所講演，卽以此塞責。而賁四先生復命其寫出，交賣善發表。因覺史學方法與考據二詞，涵義有廣狹不同。故改作今名。作考據風倘的畸形發展，早爲有識人士之所深病。作者學識淺陋，不敢自誇創見。今僅就所知，公開提出。尤望史界先進，與以指正。

蒙思明发表在《责善半月刊》的《考据在史学上的地位》

考据的事实，而不是随便择对象来考据，或考据得了就完事的。在目前中国的史学进展中，我们需要考据，也需要考据学，更需要考据家。但我们需要有目的的考据，更精密的考据学，具特识的考据家。否则整理国故，再造文明的鸿愿，永远是一个鸿愿而已。

这是第一次对考据学给予严肃的学理的批评，其中确实很中肯地指出了考据学存在的弊病，尤其对考据家的必备条件提出了合理的要求。然而蒙思明仅从史学的角度来看待考据学，虽然他将考据学等同于国学，却忽略了国学的新的性质与新的学科的独立性。这样便不能恰当地理解国学的纯学术性质和它的学术意义。我们从他论述的侧面，可以见到"整理国故""考据""国学"这三个概念是存在内部联系的，即整理国故是国学研究某一阶段的任务，考据是国学研究的基本方法。国学的产生承继了清代的考据学并吸取了西方近代历史考证的科学方法。国学在20世纪40年代曾是学术界唯一支配的势力，成为一时的学术风尚。

在重庆的高等学校，在李庄的中央研究院历史语言研究所，在成都的高等学校，在内迁四川的各高校，都有许多蜀中学者，而这些学校和研究机构又培养了众多的蜀中青年学子。由于国学运动的中心转向西南，大大地改变了四川旧有的学风，使四川的国学运动走上了新的学术道路。

六　国学运动的光辉终结

抗日战争胜利后，中央大学、复旦大学、燕京大学、齐鲁大学、金陵大学、武汉大学、东北大学、中央研究院历史语言研究所等高校及科研机构，从四川迁回原地，云集在四川的著名国学家及学者也纷纷离开了四川。中国社会恢复了原来的秩序，全国国学研究的重点仍在北平和南京，四川国学兴盛的时期过去了。然而四川国学的发展与抗战前比较却发生了很大的变化，这表现在：将国学等同于经学或儒学的国粹主义观念受到很大破坏，通经致用的儒者理想被淡化，国学的纯学术性质渐渐为学者们所认识；传统的治学方法，特别是今文经学家的方法的落后与缺陷充分显露，古史辨派和历史语言学派提倡的科学考证方法渐渐被接受。这造就了四川国学界的一大批新的国学家，将国学运动继续向前推进。

在重庆沙坪坝的重庆大学文学院成立于1932年，1935年并入四川大学，1946年又重新设立。重建的重庆大学文学院设有中文系和教育系，1947年增设外国文学系。中国文学系主任是颜实甫教授，任课教师有郑思虞、魏兴南、刘朴、周英生、邵祖平、张

华西协合大学池畔钟楼

庞石帚像

《同学会刊》书影

以礼、崔伯阜、汤道耕、秦凤翔、郭子钧、张默生、何剑熏、田楚倩、王吉桃等。此外在川东的学者还有古文学家赖以庄、史学家杜纲百、史学家陈东原、经学家李源澄、古汉语专家徐德庵、文献学家曹慕樊、语言学家刘又辛、古典文学家刘知渐等。

在成都的华西协合大学文科中国文学部的教师有闻在宥、杜奉符、刘朝阳、罗玉君、傅庚生、沈祖棻、唐文播、林山腴、庞石帚、李植、钟稚琚。哲史学部的教师有钱穆、蒙文通、何鲁之、罗忠恕、郭本道、费尔朴、胡正德、蒙思明。文学院的中国文化研究所定期出版《中国文化研究汇刊》，此外还出版了数种专辑，闻在宥、郑德坤、缪钺、甄尚灵教授与德国学者傅吾康在研究所里做了大量工作。因华西协合大学是教会学校，学术上中西文化结合的特点十分突出，新方法、新观念在这里受到支持与鼓励。例如边疆研究所，在李安宅所长的努力下搜集了大量关于西藏问题的英文典籍，筹集了充足的经费，聘请了谢国安和刘立千两位藏学专家。李安宅的《萨氏宗教制度之研究》由耶鲁大学英文出版。此外该所还出版了《藏王世氏明鉴》《玛巴译师传》《西藏及印度支那各宗教源流及宗义史》等译著，还准备编著《西藏大事年表》《西藏地名志略》《西藏语谣谚语》等。这些研究项目均与历史文化关系密切，是开拓的新的课题，并采用了新的科学的方法。

国立四川大学文学院中国文学系的学生们在抗战胜利后组建了国学研究会，并于1946年2月出版了《国学会刊》第一期，特请向楚教授作序：

三十四年冬，文学院中文系新旧诸生合组国学研究会，于课外分期请本系教授为之讲演学说，以资振导；各笔记所闻虑其寖久而或忘也。方谋付印，备互观览，谓不可无发刊词。

会刊载有彭芸生《宋明理学之流别》、路金波《论治学本末及其方法》、潘石禅《毛诗初讲》、赵少咸《说反切》。这些文章是教师们在国学研究会讲演的记录稿，后附有中国文学系教师名录，分别列有姓名、字号、职称、籍贯、年龄，兹抄于下：

向楚	仙乔	教授兼院长	巴县	七一
林思进	山腴	教授	成都	七三
赵世忠	少咸	教授	成都	六一
彭举	芸生	教授	崇庆	五九
庞俊	石帚	教授	綦江	五二
吴宓	雨僧	部聘教授	陕西泾阳	五二
殷孟伦	石臞	教授	郫县	三七
潘重规	石禅	教授兼主任	江西婺源	三七
王利器	藏用	讲师	江津	三三
陈志宪	孝章	讲师	酉阳	三七
赵泽宗	幼文	讲师	成都	四〇

这份名录很珍贵，可以了解四川大学中国文学系教师的较为具体的情形。可惜《国学会刊》现在只见到此期。

四川大学中国语文系教授赵少咸是音韵学家。赵少咸，名世忠，1884年出生于成都忠烈祠东街。幼年师从贵州学者莫友芝的弟子祝彦和受语言文字学。20世纪20年代至30年代先后在成都的石室中学、成都高等师范、成都大学、四川大学和华西协合大学讲授音韵学、文字学和训诂学。抗日战争初期中央大学内迁重庆沙坪坝，黄侃生前曾推荐赵少咸到中央大学任语言文字学课程。黄侃去世不久，赵少咸受聘在中央大学任教，数年后回到成都，受聘为四川大学中文系教授，曾有一段时期担任过系主任。他对《十三经》《说文解字注》和《广韵》达到精熟的程度。他的治学继承了清代朴学的传统，但能逐渐吸收新的观念，因而学术造诣极深。《广韵疏证》和《经典释文集说附笺》二百八十余万字稿本得以传世，它汇聚了赵少咸数十年音韵学的研究成果。

《广韵》是保存完整的一部古代官韵书。官韵的形成有一个过程，隋代初年学者陆法言邀请八位朋友讨论中国音韵问题，评论各种韵书得失，分韵辨音，准备编制一部通行的标准韵书，至仁寿元年（601）由陆法言著成《切韵》。唐代开元年间（713—741）孙愐在《切韵》的基础上增补订正著成《唐韵》，作为国家诗赋取士的用韵标准。北宋景德四年（1007）崇文馆陈彭年等向朝廷呈上校定的《切韵》五卷，次年改名为《大宋重修广韵》，由朝廷颁布施行。因《广韵》的存在，我们才可能了解中国中古时期的声韵情况，其成为研究中国音韵学的最宝贵的根据。赵少咸在20世纪30年代以前着重对《广韵》校勘，获得珍贵的版本，写成了《新校广韵》五卷。1934年9月至南京，接受了黄侃的建议，赵少咸开始撰著《广韵疏证》，直至20世纪50年代末方完成。全书校正《广韵》讹误之处近四千条。在叙例里论述了《广韵》的版本、韵目、分韵、反切、引书、四等诸问题。赵少咸关于音韵学执着而沉潜的研究精神是四川学术界的典范。

四川大学历史系教授徐中舒，于1898年出生于安徽怀宁（安庆）盛唐山下月形山徐家坂。父亲是农民，外出学木工，在徐中舒三岁时因工伤而亡。徐中舒在慈善机构清节堂的义学里读小学，1914年考入安庆初级师范学校，1918年考入南京河海工程学校。1925年北京清华学校创办国学研究院，他以第五名的成绩被录取，此届招生共三十八名。在国学研究院里，王国维讲授《古史新证》与《尚书》，梁启超讲中国历史研究法，陈寅恪讲佛经翻译文学，赵元任讲语言学，李济讲人类学与考古学。一年之后，徐中舒提交两篇论文——《殷周民族考》和《徐安淮夷群舒考》，提前毕业；继到上海立达学园任教，在《立达》（季刊）发表《古诗十九首考》。1927年为复旦大学聘为教授，继又为暨南大学聘为教授，1929年到北平中央研究院历史语言研究所工作，1937年抗日战争爆发后，史语所由南京迁至长沙；这时他受四川大学之聘，辞去史语所职务，从此在四川大学历史系任教。徐中舒发表的重要论文有《从古书中推测之殷周民族》（1927）、《耒耜考》(1930)、《内阁档案之由来及其整理》(1931)、《古代狩猎图象考》(1932)、《弋射与弩之渊源及关于此类名物之考释》(1934)、《古代灌溉工程原起考》（1935)、《明初建州女真居地迁徙考》(1936)、《殷周之际史迹探讨》(1936)、《古代四川文化》(1940)、《井田制度探源》（1944）、《殷代兄终弟及为贵族选举制说》(1945)、《九歌九辨考》(1949)等。徐中舒受王国维和李济的影响较深，在研究古史、文字学和考古学及四川文化等方面均有卓越成就。在方法上则受历史语言学派的影响，倾向于科学考证方法。我们从其主要论文的选题来看，他的治学范围广泛，选择了一些新奇而冷僻的课题，而共同的特点则是它们属于中国文献与历史上若干学术问题的探讨，因而它们实为国学研究。抗日战争时期入川并留川的学者中，徐中舒是典型的。他在四川大学教学数十年，为四川培养了一代新型的学者，为四川的国学做出了巨大的贡献。

三台的东北大学曾于1944年在文科教授丁山的努力下成立了草堂国学专科学校，聘请四川大学教授蒙文通任校长。因蒙文通住在成都，不能长期留在三台，遂由杨向奎代校长，由蒙季甫负责具体事务。国专学校分文、史、哲三科，教师由东北大学教授兼任。叶丁易为文科主任，杨荣国为史科主任，赵纪彬为哲学科主任，他们在讲授中国传统学术思想时，已增加历史唯物主义的观点。后来国专学校内部分裂，一部分人主张迁往重庆北碚，另一部分人主张请蒙文通将学校迁往成都。1946年国学专科学校迁于成都西郊金牛坝，因成都旧有尊经书院，为继承传统，遂改名为私立尊经国学专科学校。校董事长为谢无量，校长为蒙文通，任课教师大都是四川大学和华西协合大学的教师。1948年秋学校由金牛坝迁至包包店——原甫澄产科医院地址，当时学生有百余人。教师有彭芸生、文宗海、吴天墀、李英华、冯汉镛、戴执礼、刘雨涛等。蒙文通校长聘请的教师一律称教授，但待遇很菲薄，教师们亦不计较。戴执礼讲国文，冯汉骥讲中国近代史，萧萐父讲西洋哲学史，文百川讲国文，吴天墀讲四川近现代史，李英华讲中国历史，彭芸生讲儒家经典，曾义甫讲音韵学和训诂学，蒙

吴天墀晚年像

蒙文通像

蒙文通手批《华阳国志》

蒙文通文稿手迹

季甫讲经学与史学，刘雨涛讲哲学概论、逻辑学和宋明理学。学生平均年龄约二十岁，女生约占三分之一。学生学满三年，发给毕业证书。1949年12月成都解放，学校宣告解散。学生由学校发给转学证，转入四川大学和华西协合大学继续学习。四川最后一个国学学校解体了。

私立尊经国学专科学校校长蒙文通，于1894年出生于四川盐亭县金顶场，1903年到绵竹县高小学习。1906年伯父蒙公甫任成都府学教授，蒙文通随至成都入四川省城高等学堂附属中学。1911年被选拔进入四川存古学堂，1912年存古学堂改为四川国学学校。蒙文通深受教师廖平和刘师培的影响，遂于1914年写成论文《孔氏古文说》，由廖平推荐刊于《国学荟编》。1929年任教于中央大学，1930年受聘于成都大学，1933年教授于北京大学，1939年教授于东北大学，1940年任四川省图书馆馆长兼华西协合大学教授。蒙文通是由经学转入史学的，专著有《古史甄微》《古族甄微》《古地甄微》《经学抉原》和《中国史学史》等，治学范围极为广博。其国学论文有《中国禅学考》《与胡朴安论三体石经书》《论秦焚书与古文佚经》《中国古代北方气候考略》《〈宋略〉存于〈建康实录〉考》《秦为戎族考》《中国古代民族迁徙考》《从社会制度及政治制度论〈周官〉成书年代》《〈水经注〉违失举正》《漆雕之儒考》《黄老考》《杨朱考》《法家流变考》《百越民族考》《晚周仙道分三派考》等等。蒙文通的学术观点与治学经验在他的公子蒙默先生整理的《蒙文通治学杂语》里有较为集中的表现。他自述治学心得说：

我从前本搞经学，十年后才稍知道什么是史学，应如何治史。治经、治史方法、目的都不同，但也有部分人始终不免以清人治经之法治史，就是以考据治史，所以不免于支离破碎，全无贯通之识，这远不如以治诸子之法治史。其实，经学也不是单凭考据可了。考据是工具学问，经、史都用得着，但它不是经学或史学。

蒙文通在治学方法上贯通了经学、史学和诸子，具有独特的学术个性。他并不专事考据，但柳翼谋却认为其"考据过于清人"。就考据与经学和史学的关系而言，它所提供的事实证据，可以为经学和史学使用，而它并非经学和史学。这是蒙文通继刘咸炘后的卓识，非常有助于我们认识国学的性质及国学与其他学科的关系。关于治学方法，蒙文通还说："以虚带实，也是做好学问的方法。史料是实，思维是虚。有实无虚。便是死蛇。"他又说："乾嘉诸儒，有仅事考据者，有事考据而不囿于考据者，如惠（栋）之于《易》；有考据而烦琐者，有考据而不烦琐者，如段氏（玉裁）之注《说文》。"这里他提出了考据与义理的关系。蒙文通的考据是以史学或哲学观点为指导的，即是"以虚带实"，因而提倡不囿于事实的不烦琐的考据，这是他对待考据的态度，也由此形成独特的学术个性。这也是他与一般国学家相区别之处，尤其反映在他对待古史辨派的评价方面，他认为：

几十年来，疑古辨伪的工作有很大的成绩，但总觉过火点。从前的人不考虑材料的真伪，不分别哪些是后人所增益，把唐、虞三代认为是中国历史的黄金时代，显然是愚蠢的，这是传统派的错误。后来的疑古辨伪又一概抹杀，把历史缩得太短，把文化压得太低，任何一部书都可以挑点问题指为伪书，而确实证据究又难寻。有些疑古派学者一方面既疑某书之伪，却有时又还引用，既不信历史之真，却时又在讲述，就表明疑古者也自信不过。故信古、疑古皆为一偏，对历史应当客观考察。

古史辨派兴起后，学者仍常常爱说这是伪书，那也是伪书，先秦旧籍《诗经》而外几乎无非伪书。但是，说是伪书，总得找出它作伪的原因。若找不出，是不足服人的。

这肯定了古史辨派的历史功绩，也见到了它存在的缺陷。关于古籍的辨伪工作是很困难的，就某一具体问题的考辨也可能存在意见的分歧，这只有依赖于学术的进一步发展。古史辨派对于学术界的重大意义还在于其使用新的学术观念与科学考证方法，从而开创了一种新的学风。蒙文通治经学受到了晚清以来四川今文经学思想的熏陶，这反映在他从经学转入史学研究之后仍有受今文经学影响的痕迹。然而他注意义理的寻绎，注重史实的考证，而且富于学术的创新，则使他在学术上获得巨大的成就。蒙文通是四川国学院的优秀学生，又是四川最后一个成都私立尊经国学专科学校的校长，从其治学的广博、成就的显著和学术的影响来看，他应是四川国学运动的光辉结束者。

结　语

　　从 1912 年四川国学院的创办,至 1949 年私立尊经国学专科学校的解体,这三十八年间四川国学运动由发生、发展、繁荣兴盛到结束,走完了自己的全过程。我们极其粗略地描述了这一发展过程,深深地感到其中蕴含有很宝贵的历史经验:

　　(一)四川学术是中华学术的一部分,并受主流文化的影响,但由于僻处西南的特殊的历史与自然条件而又形成了某些地域的特色。从国学运动而言,四川虽然在国内首创国学院,但它是在国粹主义思潮影响下产生的。正如有学者指出,国学院实为清代末年存古学堂的变形;而国学院里的国学家们大都是经师,而且以儒学为国粹的核心。因此,观念的守旧与方法的落后,使四川国学的学术意义大大地减色,在国内与北平、上海、南京、无锡、广州、厦门、苏州等地的国学水平相比较仍处于滞后状态。清末四川尊经书院与存古学堂培养了许多固守儒学的弟子,以今文经学思想特甚,他们大都执教于国学学校和高校,这是导致国粹思想在四川国学运动中极为强固的原因。

　　(二)四川国学的发展同全国的国学运动一样经历了从国粹到国学新思潮的发展过程,而新思潮又逐渐成为主流。然而这一过程的变化发展不是四川国学内在的自觉,而是由于抗日战争爆发的偶然原因,使全国国学运动中心向西南转移。在这样的特殊历史文化条件下,国学的新观念与新方法迅猛地涌入四川学术界,国内国学大师及青年学子云集于四川,因此促进了四川国学的繁荣兴盛,并改变着四川国学的研究方向。在四川的历史上,秦国灭蜀后引入了中原文化,使四川进入文明社会,从而兴起了蜀学;唐末中原战乱,衣冠士族纷纷入蜀,再次引入了新的中原文化,促进了五代和两宋时期四川文化的高涨和蜀学的繁盛。抗战时期东北、华北、华东和华中等地的高校和学术机构内迁四川,这是四川历史上第三次最大的文化发展机遇,它给四川国学带来的新变化非常显著。这些高校、学术机构和国学大师们在四川培养了一大批志于国学研究的青年学者,使国学运动不仅未在国难之际停滞或沉寂,而是愈益发展了。学者们将国学研究作为保存中华学术命脉的伟大而神圣的使命来对待,坚定抗战必胜和抗战建国的信心,因而在民族文化的最高层次上体现了国学与时代精神的契合,最深刻地展示了国学研究的意义。这一切成效与国民政府的抗战建国的政策支持分不开,表现了政府对纯学术研究事业的重视与认识。抗日战争胜利了,流寓的学者们出峡了,但是他们播下的新的国学种子却在四川的沃土里生根、发芽、开花结果,从此四川学术与主流文化的关系更为密切了。

(三) 国学是什么?即它的学术性质、研究对象和研究方法是怎样的,这是困惑了几代学者们的问题,而且也同样是使现在学者们感到困惑的问题。在学术史上任何一种新学术或新学科的形成都有一个探索过程,即很难一下认清它的本质特征。我们对于国学的认识也是如此。现在,当我们以四川国学运动作为考察的对象时，我们从梳理中可以见到国学家们对国学认识的发展过程：廖平等显然是将国学等同于儒学的；刘师培开始从学术的视角将国学理解为学术流变史；刘咸炘曾提出国学是四部书相连，不可划疆而治，因而与科学不同；叶楚伧以为文史研究的对象是文史的批评案；郭沫若将国学研究等同于考据，并提倡科学的考证；顾颉刚认为国学是用科学的方法去研究中国的史料；傅斯年主张用历史语言考据方法研究中国的文献资料；蒙思明指出了国学的考据是一个时代的学术风尚；蒙文通则以哲学和史学的理论为指导进行考据，深知国学与其他专门学科的关系。在我们所列举的国学论文里，可以发现它们基本上都是就传统文化中许多狭小的问题进行的考证。这样我们可以得出结论：国学是以研究中国古代文献与历史中存在的狭小的疑难的学术问题为对象的。这些问题虽然狭小，但只有具备关于中国文化的广博知识，并采用科学的考证方法才能解决。它是一个中国学术综合的涉及哲学、史学、文学、文字、文献、版本、校勘、训诂的边缘学科，它就是新中国成立以来的文史研究。国学与国学基础是两个层面，不能淆混。国学是独立而纯粹的学术，不负担其他政治的、伦理的、社会的和普及的任务。国学在弘扬中华传统优良文化中有其重要意义，即中国学者自己解决中国困难的学术问题，以延续中国的学术命脉。

1993年北京大学中国传统文化研究中心主办的《国学研究》大型学刊创刊，这标志着国学热潮的再度兴起，四川的国学研究亦相应地活跃起来。现在我们考察四川国学运动，不仅对四川，而且对全国的国学研究的发展都可作历史的借鉴。

主要参考文献

《新订四译馆丛书》　廖平著　成都存古书局1921年
《刘申叔遗书》　刘师培著　江苏古籍出版社1997年影印
《推十书》　刘咸炘著　成都古籍书店1996年影印
《郭沫若全集·文学编》　郭沫若著　人民文学出版社1992年
《郭沫若全集·历史编》　郭沫若著　人民出版社1982年
《陈寅恪先生编年事辑》　蒋天枢编　上海古籍出版社1981年
《钱穆传》　陆勇著　人民出版社2001年
《蒙文通学记》　蒙默编　三联书店2006年
《吴天墀文史存稿》　吴天墀著　四川大学出版社1998年
《何兹全文集》第六卷　何兹全著　中华书局2005年
《岑仲勉史学论文集》　岑仲勉著　中华书局1990年
《王明自传》　王明著　巴蜀书社1993年
《金景芳自传》　金景芳著　巴蜀书社1993年
《元史三论》　杨志玖著　人民出版社1985年
《纪念顾颉刚学术论文集》　尹达等编　巴蜀书社1990年

《蒙文通先生诞辰110周年纪念文集》 四川大学历史文化学院主编 线装书局2005年

《重庆大学校史》 重大校史编写组编 重庆大学出版社1984年

《东北大学史稿》 王振乾著 东北师范大学出版社1988年

《四川大学史稿》第四卷 四川大学史稿编审委员会主编 四川大学出版社2006年

《四川文史资料集粹》第四卷 四川省政协文史资料委员会主编 四川人民出版社1996年

《四川近现代人物传》第一辑 任一民主编 四川省社会科学院出版社1985年

《四川近现代人物传》第二辑 任一民主编 四川省社会科学院出版社1986年

《四川近现代文化人物》 四川省政协文史资料委员会、四川省文史馆主编 四川人民出版社1989年

《四川近现代人物传》第四辑 任一民主编 四川大学出版社1987年

《四川近现代人物传》第五辑 任一民主编 四川大学出版社1988年

《四川近现代人物传》第六辑 任一民主编 四川大学出版社1990年

《蜀学》第二辑 四川省文史研究馆、西华大学主编 巴蜀书社2007年

后 记

  四川国学运动的历史是一个新的开拓性的课题，因历史线索的迷乱与资料的散佚而给研究工作带来极大的困难。关于灌县灵岩书院、重庆北碚的勉仁学院、乐山的复性书院，以及川东教育学院、川北教育学院等，于本稿中未能述及，而关于四川大学、重庆大学及华西协合大学的国学研究情况虽略有述及，而遗漏甚多；凡此皆因未获有关资料之故。此稿成于十年前，本欲修改，然而我已精力不济，为此甚感遗憾，并谨向读者致以歉意。

谢桃坊

2018 年 5 月 19 日